Il n'y a que moi que ça choque ?

Du même auteur

François Ruffin, la revanche des bouseux, Les Arènes, 2021
Morts avant la retraite (dir.), Les Arènes, 2023

Les Arènes,
17-19, rue Visconti, 75006 Paris
Tél. : 01 42 17 47 80

Pour découvrir nos nouveautés, rendez-vous sur notre site arenes.fr. Retrouvez les vidéos inspirées de nos livres sur la chaîne YouTube « Les Arènes du Savoir ». Et suivez-nous sur les réseaux sociaux !

@les_arenes

RACHID LAÏRECHE

Il n'y a que moi que ça choque ?

HUIT ANS DANS LA BULLE
DES JOURNALISTES POLITIQUES

LES ARÈNES

À LA FIERTÉ DES NÔTRES,
MOUÏMA, KHEDIDJA SAAD, ÉPOUSE LAÏRECHE,
BOUYI, EL HADJ ALI LAÏRECHE

« IL N'Y A PAS PLUS GRANDE JOIE QUE DE CONNAÎTRE QUELQU'UN QUI VOIT LE MÊME MONDE QUE NOUS. C'EST APPRENDRE QUE L'ON N'ÉTAIT PAS FOU. »

CHRISTIAN BOBIN
LA DAME BLANCHE

AVANT-PROPOS

Le bal des populaires

MAI 2015.

Le stress me lamine le bide. Je monte dans un train pour Poitiers afin de suivre mon premier grand événement politique loin de Paris, le congrès du Parti socialiste. Tous les journalistes qui pèsent sont du voyage. Je porte le maillot de *Libé*. Je ne connais personne ou presque. La crainte de ne pas être au niveau me ronge. Pas question de laisser entrevoir le moindre signe de faiblesse. Sur place, dans un huis clos qui regroupe médias et politiques, loin du monde extérieur, je fais mine de capter tous les enjeux. À la fin de la journée, une collègue me propose gentiment de la rejoindre pour dîner. Pas un rancard, loin de là. On sera une flopée de journalistes (presse écrite, télés, radios), laisse-t-elle entendre. Ceux qui comptent sont presque tous là. J'en suis. Je me cale en fond de table. Les statuts diffèrent. Les populaires font du bruit avec leur bouche. Ils parlent fort, rigolent d'autant plus. J'écoute sans mot dire. Les journalistes politiques causent boutique. Ils racontent ce qu'ils s'interdisent d'écrire. Les coulisses et les ragots. Je découvre un monde parallèle. Les plus célèbres en

ont des caisses à faire valoir. Ils volent le show, la tablée se bidonne, même moi.
Parfois je ne comprends rien. Je veux en être, alors je rigole. J'aimerais tellement être comme eux.
Les populaires de ce concile des affranchis travaillent au *Point*, à *L'Obs*, au *Monde* et à la radio publique. Ils se ressemblent, enfilent la même panoplie. Jeans, baskets pour les garçons comme pour les filles. Ils ont fréquenté les mêmes grandes écoles de journalisme, regardent les mêmes films, lisent les mêmes livres et pensent bien souvent en conséquence. Je me perds un peu plus lorsqu'ils évoquent leurs vacances. Ils balancent des blases comme les Cévennes, le Perche, l'Ardèche ou le Lubéron, que je ne saurais situer sur la carte. Je donne le change. On me propose de poursuivre la soirée dans un bar. La bande se fait plus petite. On continue de causer crémerie. Le classement des politiques. Les cons, beaux, belles, intéressants et relous pour faire vite. J'écoute. Le collègue de *L'Obs* lève le nez de son téléphone, tout heureux. Son papier en ligne est le « plus lu » de la journée. Il se gargarise. Les populaires surveillent donc ce genre de détails. Tout le monde le félicite. Ça m'étonne mais je fais comme les autres, forcément. Bonne nuit.
Le lendemain, même limonade. Je suis encore invité. Dans la bulle. Les populaires m'aiment bien. Du moins, j'ai la faiblesse de le croire. Personne ne m'a convié pour l'apéritif mais je suis présent pour

le dîner. Je ne suis pas seul. J'ai invité un collègue de *Society.* Les populaires font toujours du tapage. Les ragots sont tellement drôles. Près de moi, mon collègue est inquiet. Tiens, je pensais être le seul à être perdu. Le congrès le fait chier. Il me souffle à l'oreille :

« Je ne sais pas trop ce que je vais réussir à raconter.

– Mec, j'ai une idée pour toi. Tu décris le dîner de ce soir avec les journalistes, ça raconte toute la politique et les médias.

– Une bonne idée mais c'est impossible, ça ne se fait pas.

– Tu n'es pas journaliste politique, tu t'en tapes. Ils ne vont plus te revoir.

– Oui, tu as raison, mais c'est chaud. »

Je sentais le truc. Il se dégonfle. J'aurais sûrement fait de même dans sa position. Trois mois plus tard, je touche au graal. Les universités d'été du Parti socialiste se tiennent à La Rochelle, entre soleil, plage et fruits de mer, sorte de capitale de la bulle. La gauche dans toute sa splendeur. On parle des pauvres avec le bon indice sur la peau pour ne pas attraper un coup de soleil. Les socialistes se demandent comment récupérer le vote populaire avec un petit pull sur les épaules et un verre de rosé. *Funky but chic.* Je suis heureux de participer à cette mascarade ; je suis déjà atteint, on dirait. Trois mois à peine et me voilà contaminé. Les journalistes populaires m'aiment vraiment

bien. Je suis coopté dans la bande. Ça boit des coups, ça dîne, ça danse dans la même boîte de nuit que les politiques. Un cérémonial à La Rochelle. Pas main dans la main mais sur la même piste. Une colonie de vacances pour grandes personnes.
J'y vais de mes premiers ragots. Je fais lentement ma place au soleil. Je comprends peu à peu comment ça carbure. Il faut être cool. Ça tombe bien, je le suis sans effort. Tout le monde adore mes papiers. On se fait tous des compliments. Les nuls, ce sont les autres, les absents. Petit à petit, je percute autre chose. Les journalistes ne racontent pas un tas de trucs juste pour faire rire, c'est aussi une compétition. Qui en sait le plus ? Qui a le plus de rumeurs, de commérages ? Je veux absolument devenir comme eux, mais chuuut. Un peu de patience.

*

JUIN 2017.

Emmanuel Macron a réussi son putsch. Il a gagné la présidentielle et les législatives dans la foulée. Je déjeune avec mon chef dans une brasserie du IXe arrondissement. On fait le point après mes deux premières années dans le service politique.
« Tu as ton style, ton regard et tu as réussi à te faire une place. Très bien. Maintenant, avec l'élection de Macron, certaines choses vont changer dans le

service, on ne peut plus être trois à suivre la gauche. En ce qui te concerne, tu restes sur la gauche, et si ça te convient, parce qu'on te fait confiance, tu vas la couvrir tout seul. »

J'accepte sans hésiter. Même pas peur. Une nouvelle génération de journalistes déboule. Mon statut change. En moins de deux ans, je suis passé de petit nouveau rigolo à briscard qui a déroulé du câble. Les hiérarques de gauche vont devoir passer par ma pomme pour se faire entendre. Je repense aux propos de mon collègue de *Libé*, en charge de la droite, Alain Auffray, en guise de mise en garde. Il fallait soi-disant un quinquennat pour saisir les jeux d'appareils et se faire de bons contacts. Vaste blague. Depuis, je le surnomme « Alain aux fraises ».

Me voilà au centre du jeu, le mien, celui des rubricards des gauches. Journalistes, attachés de presse et politiques me connaissent à présent. Je ne suis plus un prospect. Ce quinquennat est à moi. Je mets l'ambiance en reportage, lors des conférences de presse et sur les différentes boucles WhatsApp. Ça se chamaille, ça chicane, ça entourloupe toute la journée. Qu'est-ce qu'on rigole ! Du grabuge pour des broutilles. La bulle s'arrange pour prendre les mêmes trains et descendre dans les mêmes hôtels lors des déplacements. On fraye dans une immense cour de récré. On se marre, on ferraille entre nous pour les informations et on serre les rangs en cas d'attaque.

La corporation déteste les reproches. J'ai vu des collègues devenir tout rouges face à un militant ou un politique qui commence une phrase par « Vous les journalistes… ». Pas question de questionner notre façon de faire ou de s'interroger sur nous-mêmes. On ne dévie pas d'une ligne qu'on est les seuls à comprendre.

À chaque sortie loin de Paris, c'est la grande vadrouille. J'essaie d'intégrer toutes les nouvelles têtes dans la famille. Les derniers arrivés se sapent comme les anciens, par instinct grégaire ou paresse. Toujours le même style. Ils kiffent évidemment les bouquins et films de leurs prédécesseurs. Je rapatrie les timides aux dîners. Contrairement aux populaires de mon époque, je ne fais pas le tri à l'entrée de la boîte. Le dance floor est ouvert à tous les scribouillards. À table, certains se démarquent en balançant de grandes analyses politiques ou en dispensant bons et mauvais points ; d'autres préfèrent l'humour. La bulle prend des airs de tournée musicale durant les périodes électorales. Deux à trois déplacements par semaine dans des villes de toutes dimensions. Partout la même chorégraphie. Train, meeting, grand dîner et dodo. À chaque fois, j'ai hâte d'y être. À mes débuts, je conseillais à un confrère d'écrire sur les dîners entre journalistes, en expliquant que c'était une bonne manière de raconter la politique. Huit ans plus tard, je connais l'Ardèche, les Cévennes et j'aime bien me balader en Bretagne. Ne manque que le Perche. Il y en aurait eu des choses à dire sur moi. Actuellement, j'écris cette histoire dans une belle maison située dans un village cossu du Lot. J'ai tout fait pour me faire une place. À croire que je suis devenu un des leurs, un journaliste politique qui a son rond de serviette à la foire aux vanités. Maintenant, tout est terminé. J'ai rompu avec la bulle infernale. Je cède ma place de populaire à qui veut. Je ne veux plus être celui que je suis devenu.

Le Petit Rachid

Bulle. Enfermé dans un univers parallèle en compagnie des élites et des politiques (pas toujours les mêmes), le journaliste politique croit parler à tout le pays, voire au-delà. On y entre presque par mégarde, sans en avoir vraiment conscience et il peut s'avérer très compliqué d'en sortir. On se croise souvent dans les lieux de pouvoir et dans les restaurants des alentours. Drogue à accoutumance qui ne dit pas son nom aux bénéfices secondaires incertains.

Scribouillard. « Gratte-papier », « plumitif » ou « pisse-copie » conviennent aussi. Sans trop savoir pourquoi, je leur préfère « scribouillard ». Le vocable me semble coller à l'activité de fourmis frénétiques des journalistes politiques qui ne décrochent jamais. Le scribouillard peut également officier en télé ou en radio. Point commun à tous, ils sont en quête perpétuelle d'une info cruciale, vitale qui échappe à tout le monde, sauf à eux.

Off. Propos recueillis auprès des importants de la République et donc des politiques. Fréquemment utilisé pour dire du mal des autres. Le méchant n'apparaît jamais à l'écran. Tapi derrière un miroir sans tain, il peut balancer, le cas échéant, des horreurs en toute quiétude, anonyme. Le scribouillard note le tout avec soin sur son calepin ou téléphone avant de l'écrire dans le journal ou de le répéter à la télé ou la radio sans jamais nommer ledit politique. Règle d'or du gratin : toujours préserver sa proverbiale source.

Acte I
Le débutant

Filature

17 février 2015. Premier mois dans la bulle.
« Chouchou, tu peux aller à l'Assemblée nationale ?
– Oui. Quand ?
– Tout de suite. Manuel Valls va faire passer la loi Macron en utilisant le 49.3 ! On change tout, ça fait la une demain. »
La tête de mon chef ne raconte rien de bon. Ça a l'air grave. Pas le temps de digérer. Un froncement de sourcils tout en hochant la tête pour lui assurer que je saisis l'importance de l'instant. Pas le temps pour un café sans sucre. Mon blouson sur les épaules, je m'arrache pour prendre un métro à République. « C'est quoi le 49.3 ?! » L'interrogation cogne dans mon for intérieur. Je scrute l'écran magique de mon portable pour découvrir à quoi correspond cette numérotation cabalistique. Pas l'amorce d'une idée. Des gouttes de sueur s'invitent sur mon front. Invalides, terminus ! Tout est nouveau pour moi. Journaliste au service politique de *Libé* depuis quelques semaines à peine, je ne sais même pas par

où on entre au Palais-Bourbon. Mon portable bat la chamade. Le chef piaffe.
« Tu es arrivé, chouchou ?
– Euh, oui, enfin presque...
– C'est confirmé, Manuel Valls va défourailler le 49.3. On fait la une demain, c'est chaud. Une fois que tu es à l'Assemblée, tu récoltes quelques réactions sur l'ambiance générale. Après tu trouves un député socialiste favorable au 49.3 pour une interview qu'on publiera sur le site et dans la version papier.
– Très bien, on se tient au jus. »
L'histoire a débuté quelques jours plus tôt. En janvier 2015, je m'installe seul autour de la grande table ronde du comité de rédaction. J'attends. Le nouveau taulier du service politique arrive avec un pantalon jaune. Je le bâche. Il déploie ses longues jambes sous la table, sort un stylo et dessine un plan du service. Il met des noms à côté de chaque couleur politique.
« Tu pourrais être en charge des partis de gauche ? Des socialistes aux écolos en passant par le Parti de gauche de Mélenchon et les communistes. »
La proposition m'est tombée dessus comme un orage tropical en été. La gauche, je n'y connais rien. « Justement », me dit-il. Ce n'est pas banal de couvrir tout ce pan du spectre politique dans un journal fondé par des militants maoïstes dans les ressacs de Mai 68. J'hésite. La veille, j'avais déjà eu un échange avec le directeur de la rédaction.

« On veut que tu sortes des clichés du gars de banlieue. Tu ne veux pas rejoindre le service culture ou encore mieux, le service politique ? Tu serais bien en politique. Ça te tente ? »
Je me lance. Je n'y connais rien ni personne. Pas le début d'un contact. Un drôle d'envol vers l'inconnu à deux ans de la présidentielle. Tout le monde fait les gros yeux dans la rédaction, ceux de l'étonnement ; on va dire comme ça. Je dois toujours expliquer mon choix, découvrir un domaine que je ne connais pas. Mon chef est bienveillant. Il me prend vite à part :
« Je ne veux pas que tu fasses comme les autres. Tu dois te sentir libre. Les politiques t'accueilleront bien. À gauche, ils pensent tous que le journal leur appartient. C'est important pour eux d'être en lien avec celui qui les suit. »
Les débuts sont un peu rudes. Trop d'infos se culbutent en même temps. Chaque parti a ses tendances, son mode de fonctionnement, ses embrouilles internes et son passé. Lorsque les socialistes me parlent du congrès d'Épinay-sur-Seine (Seine-Saint-Denis), je ne pense pas à François Mitterrand mais à Busta Flex, un rappeur de la ville. Chacun ses références. Retour au 49.3. Panique du novice. Mon chef veut un entretien. Qui est qui ? Qui est pour, contre ? Surtout, je n'entrave rien à cette équation aux insoupçonnables inconnues. Je suis perdu devant le Parlement. Galère pour trouver l'accès réservé aux

médias. Je repère un gars avec une caméra à l'épaule. Filature discrète. Vital de faire genre. Les portiques, la salle de presse pour récupérer un badge. Un champ des possibles s'entrouvre. Des dorures partout et des journalistes en fusion. Ils ont tous la même voix que mon chef au téléphone. De la buée sur toutes les faces, ça a l'air vraiment grave. Je croise des collègues de *Libé* dans la salle des Quatre Colonnes – le lieu où se rencontrent deux engeances bien distinctes et néanmoins complémentaires, les députés et les journalistes. Pas question de passer pour un baltringue. Je sors mon carnet, un stylo et me faufile derrière d'autres journalistes qui interrogent des parlementaires. Je note tout comme une fouine. Je ne sais même pas qui parle. Que faire pour m'en sortir ? La journée se complique. Le temps presse. Soudain, une musique retentit. Coups de tambours. La Garde républicaine s'ébranle en rang d'oignons pour accueillir le président de l'Assemblée nationale. Un rite qui m'était jusqu'alors étranger. Impressionnant. Je m'arrête pour ne pas en perdre une miette. Tout ce vacarme pour le président du Palais-Bourbon. C'est donc ça le pouvoir.

La chorégraphie, d'abord, puis la musique qui reprend ; la réalité me rattrape par la nuque. Ça urge. Les journalistes présents se divisent en deux catégories : ceux qui avalent les escaliers pour suivre les débats depuis les gradins ; ceux qui restent dans la salle des Quatre Colonnes pour faire la même chose derrière des écrans. Je reste en bas pour éviter de me perdre. Le Premier ministre, Manuel Valls, grimpe à la tribune. Proverbial silence de cathédrale. Tout le monde écoute. Il annonce le 49.3. Tumulte de rigueur. Des députés de gauche – opposés au gouvernement socialiste, baptisés « frondeurs » – quittent les rangs de la chambre pour retrouver les journalistes. Je chope au passage des invectives plus bruyantes que salées. « Scandale », « honteux », « déni démocratique », s'embrasent-ils. Il semblerait que le gouvernement tente de faire passer une loi en force. Mon téléphone vibre de nouveau. Le chef est de retour.

« Alors, c'est comment l'ambiance ?

– Chaud... très chaud.

– Laisse tomber le petit papier et concentre-toi sur un député socialiste qui soutient le 49.3. On a besoin d'une interview.

– Oui, mais je n'ai pas les numéros, tu pourrais me mettre en relation avec un copain de Manuel Valls qui accepte de parler ?

– Je vais te trouver ça. »

La panique continue de faire les trois-huit. Je note ou j'enregistre ? Je pose quelles questions ? Pas envie de passer pour une buse. J'attends un nom et un numéro. Je reçois un message pour me prévenir que Carlos Da Silva, député de l'Essonne, est partant pour un entretien. Il ne devrait pas tarder. Je tape son

nom sur mon téléphone pour voir sa trogne. Jamais vu. De loin, il n'a pas l'air comestible.
L'impression se confirme à portée d'haleine. Il propose qu'on se mette à l'écart, dans les jardins du Palais-Bourbon. C'est beau. Les herbes sont vertes et taillées sur mesure. L'élu francilien me regarde de biais. Il palabre en tirant sur sa clope. Entretien supersonique. « Le Premier ministre qui utilise le 49.3 pour passer en force, c'est un échec ? », « Et maintenant ? », « Appelez-vous à des sanctions contre les frondeurs ? » Carlos Da Silva me parle de la « détermination » du gouvernement quant au redressement de la France. Je n'intègre pas la suite de mots qui tombent en cascade de sa bouche. Il pourrait me dire qu'il neige au Sahara, ce serait la même romance. J'écoute sans moufter en pensant à la retranscription. Il s'esquive. Je décrypte ses réponses pour les envoyer au chef. Une bonne chose de faite. Je souffle. La délivrance.
Un soleil de fin d'hiver tombe peu à peu. Je quitte l'Assemblée avec le sentiment du devoir accompli. Dans le métro du retour, la sueur ne coule plus. J'ai à peu près assimilé le 49.3. Pourquoi une partie des socialistes montent sur les tables pour s'opposer à la « loi Macron » ? Je n'en sais fichtre rien, pourtant. Qu'importe, j'ai rempli ma mission ; je peux rentrer à la rédaction comme un fanfaron. Tiens, mon chef est encore là.

« Rachid, te revoilà, bien joué ! C'était une journée de folie ?
– Le gouvernement et François Hollande entrent dans une période compliquée et les frondeurs ont l'air motivés, je ne les vois pas lâcher. »
Le midi, j'étais tranquille à table en train d'enfourner une salade dans une brasserie, près de République. Je discourais comme souvent sur l'Olympique de Marseille. En fin de journée, j'en viens à analyser la situation politique et la crise démocratique en France. Me voilà officiellement « journaliste politique ». La classe à Dallas.

Cantine dorée

Une semaine plus tard, fin de journée. Je me dirige sereinement en direction de l'ascenseur de *Libé* quand j'entends une voix. « Chouchou, demain on déjeune avec Jean-Marie Le Guen, tu veux venir ? » demande le chef. J'opine d'un signe du pouce. En rentrant chez moi, je cogite. Comment dois-je m'habiller ? Une cravate ? C'est qui le « on » ? Pourquoi déjeune-t-on avec lui ? Je m'endors sans les réponses. Le lendemain, je ne déroge pas à mes habitudes, ni chemise ni cravate. Basique.

À l'heure du déjeuner, le chef se lève, d'autres le suivent – à commencer par un stagiaire de troisième. On papote dans le métro. Tout le monde a l'air de trouver logique de déjeuner avec le secrétaire d'État chargé des Relations avec le Parlement. En me pointant au ministère, je découvre une autre collègue de *Libé* arrivée avant nous. Posée, à son aise dans un salon orné de lambris. Elle discute, clope au bec, comme une pote de longue date avec Jean-Marie Le Guen. À notre arrivée, ils se lèvent. Notre groupe se dirige en chœur dans un autre salon avec une longue table. Des huissiers prennent nos manteaux. Le secrétaire d'État à l'air de connaître tous les journalistes, sauf le stagiaire et moi. Je me mets en bout de table avec celui-ci. Des serveurs proposent de l'eau plate ou pétillante. Il y a trop de fourchettes et de couteaux à mon goût. J'ai peur d'utiliser les mauvaises. Je guette attentivement les gestes des autres. Jean-Marie Le Guen pose la question rituelle des hiérarques : « Comment ça va à *Libé* ? »

Je ne calcule toujours pas ce qui se joue. Les choses s'accélèrent après le préambule des politesses. La discussion tourne autour de l'actualité politique et du 49.3 dégainé par Manuel Valls au Palais-Bourbon. Les collègues sortent un cahier et un stylo de leur sac. Même le stagiaire de troisième se prend au jeu. Le piège. Je me suis pointé les mains dans les poches, quel con ! C'est quoi ce déjeuner ? Je jette un coup d'œil furtif vers mon voisin. Arrache une paire de feuilles et pique un Bic dans sa trousse de troisième. Les serveurs se pointent avec les entrées. Je pose mon stylo, observe les fourchettes. Jean-Marie Le Guen soliloque toujours (en mangeant) et mes collègues prennent invariablement des notes, sans cesser de mastiquer. Une fourchette, une phrase, dans un mouvement pendulaire bien rythmé, etc. Je n'ai pas la technique. J'ai des progrès à faire. Je ne comprends rien à ce qu'il raconte. Surtout, qu'est-ce que je vais en faire ? Pas grave. Tout

le monde s'occupe, brasse de l'air, pose des questions, sauf le stagiaire (à qui j'arrache deux autres feuilles) et moi. Le repas s'étire lentement. Après l'entrée, le plat principal, le dessert puis le café. Comme pour des agapes dominicales interminables en famille.
Jean-Marie Le Guen finit par prendre congé. Il doit se rendre à l'Assemblée nationale. Les huissiers nous refilent nos sapes et je glisse mon paquet de feuilles en boule dans mon sac à dos. Mes collègues ont aimé le déjeuner. Il a donné moult infos, paraît-il. En fin de journée, j'aborde mon chef pour lui dire la vérité. Je suis largué. Ça le fait marrer. Il m'explique les règles du jeu. Les journalistes politiques déjeunent régulièrement avec les élus et les membres du gouvernement. Bizarre. On pourrait se voir en journée. Pourquoi prendre des notes en mangeant ? Ce serait beaucoup plus simple le matin ou l'après-midi dans un bureau. Je garde mes interrogations.
« Chouchou, aujourd'hui, c'était un déjeuner réservé à *Libé*, c'est rare. Tous les journalistes ont un groupe de quatre avec des personnes d'autres rédactions et ils organisent des repas.
– Comment ça ? Je dois avoir un groupe de déjeuner avec des gens d'autres médias et organiser des repas avec les politiques ?
– Oui. Souvent, même presque toujours, c'est du *off*. Tu notes durant le repas et après tu t'en sers pour tes papiers.

– Comment je fais pour avoir un groupe ?
– Quand tu croises des collègues en reportage, tu te renseignes. Tu verras, ça se trouve facilement. »
Pas de temps à perdre. Le lendemain je fais une demande officielle et publique via les réseaux sociaux. Un appel au large. « Je suis à la recherche d'un groupe de déjeuner. » Ça mord. Je reçois plusieurs messages en privé. Deux collègues qui usinent pour la presse de droite et un autre de la radio publique. Je retourne voir mon chef, tout faraud !
« Maintenant, on fait quoi ?
– Vous devez contacter les politiques pour déjeuner, leur proposer une date et un lieu.
– On doit tout faire, appeler et réserver ?
– Oui, payer aussi. Il faut toujours inviter les politiques. Sauf dans les ministères, où tout est gratuit, et il faut juste que le ministre accepte de voir ton groupe. »
Tout ça paraît bien compliqué mais j'écoute les consignes. Dès que je parle à un politique au téléphone, je lui propose de déjeuner. Je veux en être ! Ils acceptent presque toujours. Me voilà dans le grand bain. Des repas dans les estaminets de la rive gauche avec des importants de la République. Tout le monde est cool. Il y a ceux qui parlent beaucoup et d'autres qui écoutent. Dans un premier temps, je ne suis guère bavard. Je le deviendrai au fil des déjeuners. Mon groupe a au minimum un repas par semaine,

parfois ça monte jusqu'à trois. Aussi, les cahiers se remplissent à toute blinde. Les meilleurs festins ont toujours lieu dans les ministères. Étonnamment, la pitance s'avère bonne, raffinée et gratuite. Par moments, ce ne sont plus des boustifailles de milieu de journée mais des petits déjeuners, voire des apéros (plus rares). On s'essore la panse sur les reins du contribuable. On pourra rétorquer que c'est démago et tralali et tralala. C'est quand même louche de se pointer en bande sous les boiseries de la République pour bâfrer des petits plats qui coûtent bonbon, lors de repas même pas consignés sur l'agenda. Ça me surprend mais ça ne dérange personne. Jusqu'ici tout va bien.

On repart tous avec les mêmes citations anonymes. Toujours plus facile pour les politiques de lâcher des saloperies et des anecdotes crapuleuses à visage masqué à des vautours qui voyagent en bande. On renifle l'odeur du sang avec gourmandise. J'ai déjà vu des collègues se répartir des verbatims à la fin d'un déjeuner comme on se partage un butin.

« Ça te va si je prends cette phrase-là et toi, celle-ci ? »

Une information, qui n'intéresse que les journalistes, récoltée pendant la tambouille, sort ensuite selon les deals entre coquins. J'ai déjà reçu des appels de confrères peu après :

« Salut, Rachid, tout à l'heure untel a dit ça, je peux en faire une petite info ? »

Je n'ai jamais été dans la course à la brève post-bombance (au grand désarroi de mes chefs), sauf quand ça me fait marrer. Les déjeuners et les cafés peuvent avoir des conséquences folles sur nos vies. Mon porte-monnaie trinque. Cinq cents euros en moyenne, soit plus du quart de mon salaire à mes débuts dans le service. Je n'ai pas les reins assez solides pour sortir autant de caillasse tous les mois. Je me fais rembourser, certes, mais il faut avancer. Je renonce lentement. Mon groupe tombe en lambeau. D'autres me demandent de venir dans le leur, je décline.

J'opte pour la version loup solitaire. Je mise sur des cafés en direct avec les élus, plus efficaces et meilleur marché. Parfois, j'en parlais avec des collègues. Ils répondaient que c'était beaucoup plus simple de faire venir un politique à plusieurs, qu'ils ne faisaient pas toujours le voyage pour un seul pisse-copie.

Le regard des autres est ravageur. Il y a six ou sept ans, une ancienne collègue, animatrice d'un centre de loisirs (ma première vie), m'a envoyé un message. On s'était perdus de vue. Elle a lu mon nom au bas d'un article. « Salut, c'est bien toi le Rachid de *Libé* ? » Évidemment ! Qui d'autre ? Entre-temps, elle est devenue juriste. On se raconte nos vies à distance. Elle propose de déjeuner la semaine suivante dans une brasserie près de la rue de Rivoli. Je lui dis au milieu de la discussion que j'ai déjà déjeuné

dans ce rade avec un député. Elle m'interroge. Je lui explique le cérémonial des groupes de déjeuner. Elle tique. Je ne comprends pas vraiment pourquoi. Elle revient à la charge à la fin du repas.
« Je trouve ça dingue comme principe. Des journalistes qui bossent dans différents médias, de gauche comme de droite, forment une équipe pour déjeuner toutes les semaines avec des politiques, qui bien souvent parlent anonymement, et vous repartez tous avec les mêmes propos ? Il n'y a que moi que ça choque ? »
Je la regarde bêtement. Je baragouine quelques mots pour me justifier. Au fond de moi, il y a une forme de condescendance. Qu'est-ce qu'elle peut bien comprendre au journalisme politique ? Rien.

La dictée

Août 2015. Six mois dans la bulle. C'est le cœur de l'été. La saison politique débute à Lille. Les écologistes ouvrent le bal, comme toujours. Ils font leur rentrée une semaine avant les socialistes. On me bassine depuis mon arrivée dans la bulle. « Tu verras, c'est trop bien les universités d'été. » Je me prépare la veille. Je fais un détour chez le merlan pour une petite fraîcheur. La rentrée des écologistes est en première page de *Libé*, presque comme tous les ans au milieu du mois d'août. La pénurie d'informations estivale profite aux Verts. Je raconte comment l'ancienne ministre du Logement, Cécile Duflot, se prépare pour la prochaine présidentielle. Nos papiers préférés. On adore les coulisses. Les conseillers racontent un conte de fées lénifiant que l'on recopie dans la foulée. Toujours le même. On tombe à tous les coups dans le panneau. Cécile Duflot n'échappe pas à la règle. Elle a formé un commando en loucedé. Ils se réunissent dans la pénombre pour éviter de se faire griller. Autour de la table, des élus écologistes, mais pas seulement. Il y a aussi des intellectuels et des savants. Aucun nom ne peut être cité. La bande se nomme « Vital Michalon », en hommage à un militant, mort en 1977 lors d'une manifestation contre la centrale nucléaire Super-Phénix de Creys-Malville (Isère). Cécile Duflot travaille également la posture, comment poser sa voix et se tenir. Tous les détails comptent pour conquérir le pouvoir.

C'est Stéphane Pocrain, son conseiller, qui m'a raconté cette histoire au téléphone. Une dictée. J'ai tout noté en y ajoutant du style. Trop fier de l'article à venir. « En vue de 2017, Duflot travaille son flow. » Waouh. Je pose mon baluchon à l'hôtel avant de me rendre à l'université de Villeneuve-d'Ascq (Nord). Je déboule avec le *Libé* du jour sous le bras. Les bénévoles m'accompagnent à la salle de presse. Je repère des connaissances, des collègues charbonnent. Pas grand monde ne me salue. Accueil polaire. Regards de travers. Apparemment, les populaires me tirent la tronche. Je m'installe sur une chaise en plastique, sors mon ordinateur et singe le scribouillard au travail. Les populaires se causent entre eux. Je n'existe pas.

Une collègue de Radio France internationale lâche en quittant la salle de presse : « Je vais travailler un peu. Moi, contrairement à certains, je vais à la recherche de mes propres infos. Je ne pique pas le travail des autres. »

Silence dans la salle de presse. D'un coup, ça fait tilt. Cette pique vicieuse m'est destinée. Elle doit en être fière. La crapule ! Reste à savoir pourquoi. Tout le monde me chante depuis des semaines que « c'est trop bien les universités d'été » et tout, mais personne ne m'avait averti que les populaires ne me calculeraient plus. Je sors, cet épisode me tracasse. J'erre seul et sans but sur le campus comme un pestiféré. Un écologiste m'interpelle.

« C'est vous Rachid Laïreche ? »

Les Arabes sont tellement rares qu'il avait peu de chance de se tromper.

« J'ai lu ce matin votre dossier dans *Libé*, très intéressant. J'avais déjà lu un article du *Monde* sur les ambitions de Cécile Duflot en juin et après avoir lu le vôtre aujourd'hui, je me dis que c'est vraiment sérieux. »

Sans le faire exprès, il vient de me donner la clé. Il me faut une astuce pour abréger la conversation. En lui adressant un clin d'œil, je fais semblant de répondre à un appel imaginaire. Direction la salle de presse. Je tape le nom de Cécile Duflot sur le site du *Monde* pour un papier datant de juin. Une collègue avait raconté la même histoire. La bande qui s'appelle « Vital Michalon », les intelligents anonymes, le secret, les ambitions présidentielles et *tutti quanti*. J'ai trouvé ce que les populaires me reprochent. Ils auraient aimé que j'écrive « selon *Le Monde* » comme l'exige la coutume. Je n'avais même pas lu l'article en question. J'ai appelé Stéphane Pocrain, qui m'a raconté une belle histoire et j'en ai fait un article. Ma consœur a dû faire de même quelques mois plus tôt. Elle a eu droit à la dictée en avant-première. Je n'ai pas révélé une enquête exclusive. Cécile Duflot n'a pas de compte caché aux Bahamas. Leurs regards froids me surprennent. Enfin, pas vraiment. On se bat comme des chiffonniers pour des infos à deux balles. Toujours bien de mettre « info ». Ça nous rend importants.

Comment agir pour regagner le cœur des populaires ? Je n'ai rien fait de mal. La bulle va-t-elle me rejeter ? La parano me gagne. Ils doivent sûrement se dire que j'ai tout piqué comme un escroc au petit pied. Est-ce que je vais voir ma collègue pour m'excuser ? Ce serait ridicule. J'opte pour une autre solution. Le déni. Je retrouve les populaires, les cools. Je blague, j'écoute les rumeurs. Je réintègre lentement la bande. Je donnerai des explications si quelqu'un m'en demande. Plus question de me faire marcher dessus. Je dois m'affirmer. Rien durant les deux jours qui suivent, pas une pique. J'ai été invité à tous les dîners. On a trop rigolé. Ouf, je suis sauvé. Je dois respecter les règles de la bulle. On ne m'y reprendra plus, promis. Pas question d'en être le mouton noir.

Imbécile

Octobre 2015. Huit mois dans la bulle. J'accompagne le ministre de la Ville, Patrick Kanner, à Behren-lès-Forbach, en Moselle. Je le connais un peu. Tout ce qui touche à la banlieue m'intéresse ; domaine de prédilection. Pas trop de collègues de la bulle pour nous accompagner. La périphérie (au ban du lieu, du centre, hein) intéresse les scribouillards lorsqu'elle crame ou pour parler des musulmans. Rien à taper de la rénovation urbaine, du chômage et des réussites. Patrick Kanner, je le voyais lors de déjeuners, de cafés et de déplacements. Il avait peut-être quelque talent, mais je me suis toujours demandé ce qu'il foutait dans ce périmètre-là. Il n'en saisissait pas du tout les enjeux, les non-dits. Pour lui, la banlieue se résumait à une casquette à l'envers et un ballon de foot. À Behren-lès-Forbach, la rudesse de l'existence se voit à l'œil nu partout et sur de nombreux visages. Tous les indicateurs de la misère sociale sont en hausse dans le coin. Pauvreté, chômage, décrochage scolaire. Le ministre entre dans une école de la deuxième chance. Chacun raconte son expérience de jeune abîmé par l'échec. Une nouvelle pause au centre social du Wiesberg, un des quartiers prioritaires de l'ANRU (Agence nationale de rénovation urbaine). Sa visite constitue un événement. Il promet que le quartier et la ville seront encore plus beaux dans les années à venir « grâce à l'ANRU 2 ». J'ouvre des yeux ronds. Le temps presse. Le train n'attendra pas. Je trouve quand même le moyen de poser une question au ministre :

« Tout à l'heure vous avez parlé de l'ANRU et de l'ANRU 2. Vous pensez vraiment que les habitants saisissent votre langage ?

– Monsieur Laïreche, il ne faut pas prendre les gens pour des imbéciles. Ils comprennent très bien les choses qui concernent leur quotidien.

– Moi-même, je suis journaliste politique à *Libé*, et je n'entends rien à tout ce que vous dites. Il ne s'agit pas de prendre les résidents pour des imbéciles. »

Il rigole. Patrick Kanner pense que je fais une blague. Il serre quelques pinces et part sous les applaudissements. J'avise un trentenaire, debout, en train d'applaudir. Je le questionne sur l'ANRU.

« Oui, je crois qu'ils ont pour objectif de construire un nouveau centre commercial ou un truc du genre, non ? »

Je ne reviens pas sur le sujet avec le ministre sur le chemin du retour. Nous ne sommes même pas dans le même wagon. Je le laisse dans la bulle. Je réfléchis à la journée en me disant que c'est inquiétant de penser comme ça pour un ministre de la Ville dans un gouvernement de gauche. Le train s'arrête. Tout est déjà oublié.

Baron terne

Hiver 2015. Salle de presse du Parti socialiste, rue de Solférino, Paris. « Solfé », comme disent les pensionnaires de la bulle. Une réunion tendue entre les roses. Elles se déchirent. Le parti est en crise, balkanisé en de multiples morceaux, comme souvent, comme presque toujours. Le quinquennat de François Hollande tourne au fiasco. Le photographe de *Libé* me fait un signe de la main. « Julien Dray vient de sortir par-derrière… » chuchote-t-il pour ne pas se faire cramer par la concurrence. Je sors discrètement. Il marche avec des béquilles. Je l'interpelle. C'est notre première fois. Julien Dray dispense quelques banalités dans le froid. Je note, je file. Deux jours plus tard. Mon téléphone sonne. Numéro inconnu.

« Monsieur Laïreche ?

– Oui.

– C'est Julien Dray. Vous m'avez eu l'autre soir parce que je ne savais pas à qui j'avais affaire. Ces dernières années, je n'adresse plus la parole à votre journal qui m'a sali. C'est la dernière fois qu'on se parle, mais je voulais vous dire que ce ne sont pas des méthodes. On se présente quand on parle aux gens. »

Il braille. Je n'arrive pas à en placer une. Il en veut à *Libé* depuis des années. Un collègue avait publié un article qui évoquait une enquête préliminaire qui le visait pour l'achat d'une montre de 250 000 francs, dont un peu moins de la moitié payée en liquide. L'affaire a été classée sans suite. Le passé dure longtemps.

« C'est honteux. Ça ne m'étonne pas que des gens comme vous travaillent à *Libération*.

– C'est bon, je peux parler ou c'est un monologue ? Ce serait peut-être mieux qu'on se voie pour discuter, ça ne sert à rien de crier au téléphone.

– Très bien, mon assistante vous contactera pour une date. »

Je le retrouve dans un restaurant du XVe arrondissement. Posé au fond de la salle, il babille d'un ton suave. On se marre. Il m'écrit après le déjeuner. Contact noué. Je comprends très vite son fonctionnement. Il aime faire l'important. Je l'appelle en lui disant que je ne pane rien à la situation politique. « Je suis perdu, monsieur Dray ! » Il m'invite à chaque fois chez lui, dans l'Est parisien. On ne parle pas vraiment de politique. Plutôt de ses enfants, de son passé et du jeune Emmanuel Macron pendant qu'il prépare le café. Des anecdotes à la pelle. Je m'y rends une fois par mois. Les tôles froissées du début sont maintenant à des années-lumière. Entre-temps, il a changé de statut. Une série télévisée politique à la française qui tourne autour de la trahison, de la corruption, du pouvoir et de la manipulation, le met à l'honneur. À propos de *Baron noir*, Julien Dray en veut beaucoup à l'un des créateurs, Éric Benzekri, qui a œuvré dans la vraie vie avec la créature d'origine. « Il me fait passer pour un escroc, ce n'est pas bien de faire ça. » Tous les journalistes politiques ont toujours aimé s'entretenir avec lui. Son côté stratège florentin, mystérieux, mélancolique, visiteur du soir des puissants a longtemps agité l'usine à fantasmes. La série a compilé quelques pièces supplémentaires dans la machine. Pour autant, il n'a jamais eu la clé d'un ministère.

« Un regret ?

– Non, pas vraiment. J'étais fâché après Jospin en 1997, j'aurais bien aimé être nommé à cette époque. Je le méritais, mais bon, c'est comme ça. Après, la gauche a perdu les deux présidentielles suivantes.

– Votre pote François Hollande aurait pu vous le proposer…

– Pour rendre visite à mon copain à l'Élysée, je suis obligé de passer par les cuisines, et vous pensez sérieusement qu'il aurait pu me désigner ? C'est une blague, c'est mieux comme ça. »

Printemps 2016. Message de Julien Dray. L'insomniaque écrit souvent au milieu de la nuit mais jamais le samedi matin. Il demande à me voir. Je le retrouve dans un hôtel du VIe arrondissement. Seul à table, près du bar, il boit de l'eau. Le serveur m'apporte un café et de grosses olives. Julien Dray les mange en cadence et jette les noyaux dans son verre vide. Il marmonne par intermittence. Commence des phrases qu'il ne se donne pas la peine de finir. Qu'est-ce que je fous là ? J'attendais autre chose que des épithètes jetées en vrac, des non-dits et de grands silences. Il fait de la peine, semble triste. Miracle, j'intègre peu à peu ce qui se trame au fil des mots qui demeurent en suspens. Il vient de rompre avec Emmanuel Macron. Le Rastignac de la Somme ne répond plus à ses messages à quelques encablures de l'aube. Il y a eu d'autres victimes avant lui. Il est temps de partir. On sort ensemble, on marche un peu. Pourquoi m'a-t-il appelé ? En bon rapace, je m'interroge sur ce que je peux faire de cet après-midi lunaire. Pas grand-chose à première vue.

Julien Dray tentera de se relever après la présidentielle. Il conjugue Emmanuel Macron au passé. Le succès de la série *Baron noir* lui a donné des ailes. Il veut redevenir un personnage moteur du Parti socialiste. Je regarde. Il me raconte ses combines ; je n'y crois plus. Ça ne me fait plus marrer. On s'éloigne lentement. Il ne m'écrit plus au milieu des nuits. Lors de l'élection présidentielle de 2022, un journaliste du *Monde* nous apprend que François Hollande était à deux doigts de se présenter. Le socialiste a échoué dans sa tentative supposée « secrète ». Julien Dray se trouvait derrière cette histoire. Je le vois frapper à la porte de François Hollande pour lui proposer un dernier bal, une ultime virée. J'écris un article pour raconter que cette étiquette de « baron noir », celle du gars qui réussit des coups de Jarnac à profusion, est soudain devenue trop lourde à porter.

Un papier guère sympathique. Pas de coup de fil atrabilaire cette fois. Il a couiné sur ses réseaux sociaux : « Rachid Laïreche, toute la haine méchante du mec qui a raté un épisode et qui ne prend même pas le temps de vérifier ce qu'il écrit… » Pas eu de ses nouvelles depuis. Dans la bulle, comme dans la vie, certaines histoires se terminent comme elles ont commencé.

Les princes de la ville

Mai 2016. Montreuil, bastion perso. Une réunion est organisée dans une salle municipale. Tout le monde est là pour Moussa Ibn Yacoub, un blase adopté lors de sa conversion à l'islam, distinct de celui figurant sur ses papiers officiels, Puemo Maxime Tchantchuing. Un gars de la ville, un humanitaire de 28 ans qui a été interpellé et placé en détention provisoire le 22 décembre au Bangladesh. Il était en Asie du Sud dans le cadre d'une mission pour venir en aide aux Rohingyas, une minorité musulmane persécutée en Birmanie et non reconnue au Bangladesh. Je ne connais pas Moussa, en revanche, je connais son frangin. On se parle souvent ; j'ai rédigé quelques articles dans *Libé* pour plaider la cause de son petit frère. Je déboule à la réunion, discret. Pas question de prendre la parole ou de faire le malin. Ça palabre. J'écoute depuis le fond de la salle les désaccords sur la stratégie à tenir. Faut-il organiser un concert ? Comment s'y prendre avec la presse ? Quelle communication envisager sur les réseaux sociaux ? Je reste

mutique. Un gars du quartier lève la main. Petit par la taille et grand par la bouche.
« Depuis tout à l'heure on parle, on tourne en rond sans avancer. Ici il y a des gens qui pourraient nous aider parce qu'ils connaissent beaucoup mieux le fonctionnement des médias. »
Après ces mots, il me fait un clin d'œil. Il savait que je ne voulais rien dire. Pas grand monde ne comprend son sous-entendu. La parole tourne, elle s'évade. Je la capte à la fin.
« Frère, pourquoi tu fais des trucs bizarres ?
– C'est toi, mec. Tu es journaliste et tu ne dis rien. Tu sais tout mieux que nous, tu pourrais donner des conseils.
– Qu'est-ce que tu racontes ? »
Je fais tout pour me faire une place dans la bulle mais je ne veux pas être perçu différemment au quartier. Quadrature du cercle. Pas question de prendre la parole et de jouer les intelligents. Comment réussir à jouer un rôle dans la bulle et passer inaperçu dans le monde réel ? Moussa Ibn Yacoub a été libéré en juillet. Il a retrouvé les siens. En ce qui me concerne, mes deux mondes vivent en parallèle puis parfois s'entrechoquent. Schizophrénie ordinaire d'un plumitif entre deux galaxies, à l'aise partout, confortable nulle part.

Rancunes

Août 2016. Les écologistes se retrouvent pour une rentrée possiblement tendue en Bretagne. La primaire se joue dans quelques semaines. Je discute devant l'université de Lorient avec Cécile Duflot quand le futur gagnant, Yannick Jadot, arrive à grands pas, sourire de façade. « Ah, voilà le couple ! » balance-t-il. Silence. Ça bout à l'intérieur. Le député européen est en froid avec Cécile Duflot. La distance frigorifique dépasse les maigres désaccords politiques. Il est jaloux. Elle a plus d'impact dans les gazettes et les lucarnes que lui. Elle prend plus de place. Il aimerait qu'on parle davantage de sa pomme. Il sait aussi que j'ai toujours eu un bon rapport avec l'ancienne ministre. Je me souviens de son premier appel alors que j'étais chez le garagiste pour faire réviser mon bolide.

« Bonjour, monsieur Laïreche, c'est Cécile Duflot. Je suis très contente de savoir que vous devenez le référent de l'écologie politique à *Libé.* Je suis votre parcours depuis longtemps, j'ai vu votre évolution. C'est vraiment chouette. »

Un peu plus tard dans la journée, Yannick Jadot me tire le bras dans les couloirs de l'université. « Alors, c'est quand mon interview dans *Libé* ? » Pas de réponse. Le lendemain, j'offre en retour un article salé dans le quotidien. Un règlement de comptes un peu vain avec les lecteurs comme témoins. Il me fera la gueule pendant des mois. Se plaindra à mes chefs – manège rare chez les écologistes –, mais aussi auprès des collègues de la bulle. Je n'ai jamais cessé de le taquiner. Une manière de lui faire payer son outrecuidance. Le journaliste politique est un mammifère rancunier. Un mot de travers et le malotru passe à la caisse. Yannick Jadot est redevenu mignon avec moi au fil du temps. Il a compris que ça ne servait à rien de jouer au bras de fer. Le lien est redevenu fluide. Le rubricard doit néanmoins apprendre à s'adapter sans cesse.

La relation entre le politique et le journaliste ressemble à un vol avec turbulences. Un député qui file un tuyau à la concurrence plutôt que de m'en faire profiter ? Petites piques dans le prochain papier. C'est misérable mais c'est ainsi. Un journaliste qui grille un *off* ? Bouderie du politique en retour pendant des semaines. On finit toujours par se retrouver. La rancune a une date de péremption. Le politique sait comment récupérer un journaliste bougon ; l'inverse marche aussi, notez bien. Une information ou un joli papier et c'est réglé. Parfois, ça met un peu

plus de temps. J'en veux encore à Jean-Christophe Cambadélis.
Jeudi 16 juin 2016. Son assistante me propose au téléphone un entretien pour le lendemain avec le premier secrétaire du Parti socialiste. Je n'ai a priori aucune raison de le voir. Elle me presse : « Rachid, tu dois me faire confiance, je ne peux pas te dire le sujet mais c'est important. » J'en parle à mes chefs. J'y vais, au pire on n'en fera rien.
Un collègue du journal m'accompagne. On grimpe les escaliers du quartier général, rue de Solférino, à Paris. Jean-Christophe Cambadélis annonce derrière son bureau que son parti compte organiser une primaire en vue de la présidentielle de 2017 avec (ou sans) l'ensemble de la gauche. Il souhaite que le président de la République, François Hollande, y participe. Dans notre bulle, c'est un tsunami. On se cale sur l'horaire. Embargo jusqu'à 20 heures, exige le haut-parleur du Parti socialiste. On quitte son bureau, satisfaits. Joli coup ! La chefferie nous file deux pages pour le journal du samedi. En fin de journée, à 19 heures, une dépêche de l'Agence France-Presse tombe, puis un article du *Monde* et du *Point*. Ils annoncent tous la primaire en chœur. On vient de se faire fumer en douceur. La direction de la rédaction est furieuse. Je n'y suis pour rien mais la honte veille sur moi.
« Monsieur Cambadélis, c'est quoi ce délire ?

– C'est-à-dire ? affecte-t-il de s'étonner.
– Tout le monde sort l'information à 19 heures avant la publication de notre entretien ! On devait avoir l'exclusivité !
– Je viens de voir… mince, je pensais qu'il était 20 heures. Je suis vraiment désolé.
– Vous me prenez pour un con ?
– Non, je suis confus. »

Je mène fissa ma petite enquête. Le bandit a appelé tous les journalistes en milieu d'après-midi en leur disant de ne pas publier avant 19 heures. Je n'avais pas une grande confiance en lui auparavant, mais un truc s'est complètement cassé ce jour-là. Son crédit s'est dilapidé dans l'instant. Il continuera ses perfides intrigues avec d'autres. Une autre réalité encore plus cruelle s'est adjointe à cette entourloupe, il a perdu dans la foulée son siège de député et son fauteuil à la tête du Parti socialiste.

Jean-Christophe Cambadélis ne tire plus les grosses ficelles. Je me passe facilement de lui. Ce serait chiant de rompre avec un important. Cruel, contradictoire, mais vrai. J'ai appris à ne pas faire de sentiment avec ceux qui vous escroquent dans un sourire.

Acte II
Validé par la bulle

L'influenceur

Fin août 2016. Le gouvernement fait sa rentrée à Toulouse. La bulle médiatique a un endroit réservé au fond de la salle, derrière tous les cheveux gris. Une musique tonique retentit. Les cadors déboulent. Tous bronzés. Le Premier ministre, Manuel Valls, monte sur scène en dernier. Un long discours sur la laïcité et la République, sa rengaine favorite. En plein milieu, le cheval s'emballe. « Marianne a le sein nu parce qu'elle nourrit le peuple, elle n'est pas voilée parce qu'elle est libre. » L'audience se pâme bruyamment. Je note, tranquille. Le discours touche à sa fin. Une collègue du *Figaro* me fait signe de la main, se faufile entre les tables et demande :

« Rachid, tu as bien noté la phrase de Valls ? »

Petit silence. Je ne sais pas quoi dire.

« Euh, laquelle ? »

Elle me lit la phrase à voix haute.

« Ah, celle-là… »

Après les meetings, les conférences de presse, les déplacements et lors de moments importants, la

bulle se regroupe. On s'interroge à haute voix : « Tu retiens quoi ? », « Tu angles ton papier comment ? », « Il a bien dit cette phrase ? », « C'était intéressant, non ? ». Une manière de ne pas s'égarer en route, de frayer avec la meute. Ne pas s'en éloigner sous peine de disgrâce. On bavarde entre nous pour noter les choses à retenir. Une sorte de brainstorming de terrain. Les populaires comprennent forcément mieux que les autres. Chacun tapote ce qu'il veut sur son écran ; chacun amende l'impression globale, y va de sa nuance, mais un chemin est tracé. On écrit parfois la même chose, en chœur. La différence se trouve dans le titre et la photo. Chaque média fait à sa sauce pour coller à sa ligne éditoriale. Le contenu de l'article, lui, est voisin, voire jumeau. Parfois sans le savoir ; souvent sans le vouloir.
Tout se fait naturellement. Une meute, des clones, des fous. Une bulle infernale. Personne ne venait me demander mon avis au début. Ce soir-là, à Toulouse, il s'agit d'une première. D'autres collègues s'approchent. Des palabres. Nous sommes tous sur la même ligne. Cette phrase est la chose importante de la soirée. La collègue du *Figaro* se décide. Elle appuie sur le bouton. Elle partage la saillie sur les réseaux sociaux. La machine est lancée. Tout le monde en parle. Partout. Les ondes, les écrans, les canards.

Deux jours plus loin. Je passe une tête dans mon quartier natal, les Grands-Pêchers. Une cité sur les hauteurs de Montreuil, loin du métro, des bars à vins, des banques et des *cool*, les derniers arrivés qui font grimper les prix avec le sourire. Des lecteurs de *Libé*, sans doute, voire de médias indépendants et engagés. Des révolutionnaires nés sous la bonne étoile. Je les côtoie désormais. Je rôde de moins en moins souvent à la cité. Je m'éloigne en douceur des miens, ma famille et mon *crew*. Le journaliste politique a de nouveaux amis. Ils ne me ressemblent pas mais on se comprend. Je ne suis pas en déconnexion avec mes potes qui naviguent à l'écart de mon nouveau monde, loin de là, mais mon esprit navigue souvent ailleurs et mon attention ne fraye jamais à bonne distance des réseaux sociaux. Il ne faudrait pas que je loupe une information de la plus haute importance. Un pote me parle de la phrase de Manuel Valls.
« Il est de pire en pire, il a vraiment la haine contre nous, il ne supporte plus les musulmans et les femmes voilées. »
Tiens, tiens. « Le sein nu » de Marianne est parvenu jusqu'ici, il a dépassé le périphérique. Le pays demeure sous tension depuis les attentats terroristes. Mon pote et tous les autres qui s'invitent dans la discussion sont révoltés. Ils ne supportent plus les débats crados sur l'islam et les musulmans. Les fâchés ont raison. J'écoute en prenant le plus sérieux

de mes airs et c'est une autre musique qui résonne dans ma tête. Je ne pense plus comme un citoyen indigné mais comme un journaliste politique. Je suis (un peu) au point de départ de cette histoire. Quelle fierté, quel sentiment de puissance !

Salauds

Septembre 2016. Dix-neuf mois dans la bulle. Il pleut au parc de La Courneuve. Comme souvent, la gadoue s'est invitée à la Fête de l'Humanité. La kermesse communiste extra-large se joue non loin de chez moi mais je ne l'ai découverte que depuis mon entrée en politique. Les concerts, les merguez, les stands de tous les pays… tout est trop bien. Juliette Prados, la fille de la com de La France insoumise, me reluque de travers. La faute à mon article du jour, « Immigration : Mélenchon en mots troubles ». Elle me fait comprendre que je ne suis pas près de rencontrer le grand manitou. Des mois pourtant que je tambourine à la porte, depuis mon arrivée dans la bulle, en fait. Jean-Luc Mélenchon refuse de m'adresser la parole. Il en veut beaucoup à la presse et encore plus à *Libé*. Je suis devenu un dommage collatéral. Je croise Alexis Corbière qui hésite à me serrer la pogne à cause dudit papier, « dégueulasse », dit-il. Les collègues se veulent rassurants. Ils disent tous que la position de Jean-Luc Mélenchon sur l'immigration est « ambiguë ». L'épithète est employée à toutes les sauces par notre confrérie quand on veut ranger un politique dans le camp des méchants. Pas le temps pour les arguments. Il suffit d'écrire « ambigu » pour emballer le cadeau empoisonné.

Sur un bout de pelouse trempé, Alexis Corbière me sermonne, tente de me convaincre. Sale après-midi sous la pluie. On trouve refuge sous la grande tente de La France insoumise. À en croire un bruit de fond, Jean-Luc Mélenchon pourrait venir nous causer. Le café est gratuit. J'en ingurgite des wagons sans capter le manège qui s'opère sous mes yeux. La grande tente se vide peu à peu, au point que je me retrouve seul. Comme par enchantement, mes collègues ont disparu. Chelou. Ils reviennent en bande une heure après. La dizaine de déserteurs a le sourire. Ils viennent de passer un moment avec Jean-Luc Mélenchon. Les salauds. L'attachée de presse a convenu en douce d'un rancard secret pour m'évincer. Pas une voix pour m'avertir, défendre ma cause. Enfin, si. J'ai appris plus tard que ma consœur du *Monde* a plaidé en ma faveur. La seule. Je ne dis rien. Choqué, je garde le silence. On se marre dans la bulle, on s'éclate pendant les dîners, mais on s'oublie à la moindre secousse de travers. Je me suis fait une promesse ce jour-là. Jamais je ne laisserai tomber un collègue.

L'Élysée

11 octobre 2016. J'opte pour une liquette pimpante, un beau falzar et une veste de compétition. Beau comme un camion, dirait Duras. Le service politique de *Libé* est invité à déjeuner à l'Élysée avec le président de la République. Nous sommes cinq. On prend le métro à République. On arrive au palais qui semble tout pareil qu'à la télé. Je monte les marches. Des huissiers bienveillants nous débarrassent de nos frusques. On patiente dans une petite salle pleine de dorures. Je prends des photos en douce comme un espion, à l'instar de collègues dans le Bureau ovale. On a l'exotisme que l'on peut ; le mien n'est pas à Washington DC mais sur l'autre rive de la capitale française. Gaspard Gantzer, le communicant du président de la République, déboule avec son étrange coupe en brosse. Il connaît tout le monde, sauf moi. On le suit. On monte des escaliers. Je regarde partout. On entre dans une grande salle avec une belle table. On ne peut pas s'asseoir au pif, il y a un plan de table. Mon blase est écrit sur un bout de carton tout

flamboyant, mais aussi sur le menu du jour. Une porte s'ouvre. J'entends une voix s'écrier : « Le président de la République. » Les huissiers se tiennent droits, les bras le long du corps. Tout le monde se lève ; je suis le mouvement. Ça rappelle le proviseur qui se pointait à l'improviste au lycée. François Hollande est souriant. Il serre les pognes, s'installe, balance quelques vannes. C'est la première fois que je le vois. Semblable en tout point aux photos et images connues. Comment pourrait-il en être autrement ? Vais-je oser l'interroger ? Mes collègues assurent. Ils alternent blagues et questions. On a lu dans la presse quelques sorties étranges du chef de l'État en exercice dans un livre à paraître le lendemain au titre éloquent, *Un président ne devrait pas dire ça.*

« J'ai vu les passages, ce sont des morceaux choisis, je ne suis pas très inquiet. »

Un ange trépasse. Personne ne sait encore à cette table et ailleurs que François Hollande va bientôt passer de l'autre côté de la colline, comme disent les anglophones. Des questions cognent dans ma tête mais je dois trouver le bon timing. Je souffle. Je guette. Prends un air sérieux en opinant de la caboche. Je me fais une promesse, le prochain blanc sera à moi. Je m'incruste. Hop, c'est mon tour.

« Le costume de président de la République doit être dur à porter. Vous avez mis combien de temps avant d'y être à l'aise ?

– C'est vrai que ce n'est pas évident. On devient président de la République du jour au lendemain mais il faut du temps pour s'y accoutumer, sans compter qu'un quinquennat, ça passe très vite. »

Je me rengorge, trop fier de ma question. Elle est naze mais je la trouve irrésistible à l'époque. J'aurais pu lui parler de la pauvreté, de Manuel Valls qui bousille tout, des déceptions ou de ses foutues promesses qui sonnent creux désormais, mais non, rien de tout ça. J'ai le président de la République en face de moi et je lui parle du poids du costard. Le reste du déjeuner suit son cours comme un fleuve trop tranquille. Il a même rigolé à une de mes facéties. En partant, il nous promet un entretien qu'on ne verra jamais. On débriefe sur le chemin du retour. Il n'est pas populaire, on ne sait pas trop où il va, mais il est vachement sympa. Des groupies du pianiste en quelque sorte. Les collègues à la rédaction nous demandent en rentrant comment c'était ? Je raconte le déjeuner d'un air blasé, comme un ancien ; déjà perdu ?

Où je vis

Fin de journée. Je passe voir mes parents aux Grands-Pêchers. Une autre ambiance. La famille au sens large (parents, frères, sœurs, potes) sait que je suis journaliste mais sans en connaître les détails. Ils ne lisent pas mes articles. Je ne leur dis pas que j'ai déjeuné à l'Élysée avec le président de la République. Ils ne comprendraient pas trop. Leur distance permet de redescendre sur terre. Mon père a toujours eu la même attitude : « Trouve-toi une petite place et reste tranquille. » Il n'aime pas les problèmes et le bruit qui va avec. Il prône la discrétion. Un matin, ils étaient chez le médecin de famille, Jacques Legouy, un pilier. Il a vu tous les marmots de la cité naître et grandir. Personne ne l'a remplacé depuis son départ à la retraite. Un désert médical aux portes de la capitale. Ce jour-là, il leur a posé une question. Ce ne sont pas mes parents qui ont raconté la scène mais une de mes sœurs.

« Vous avez beaucoup de famille en France ?

– Non, pas vraiment.

– Ce matin à la radio, ils ont longuement parlé d'un article de Rachid Laïreche. Vous le connaissez ?
– Oui, c'est notre fils.
– Votre fils, le petit Rachid, travaille à *Libé* ?
– Oui, il est journaliste.
– Incroyable ! C'est une superbe nouvelle ! Bravo, vous avez fait du bon travail. »
Le plus beau des compliments. Le médecin de famille qui parle du plus petit de leur rejeton. Pour autant, pas de différence entre mes deux frères et mes trois sœurs. La carte de presse n'octroie aucun avantage à la baraque, contrairement au Trésor public. Nous sommes tous au même niveau. Personne ne me demande mon avis quand l'actualité s'embrase. Sur les vaccins, par exemple, c'était houleux. L'un de mes frères me pourrit :
« Laisse tomber, ça ne sert à rien de parler avec toi. Ils t'ont lavé le cerveau, tes copains de la politique. Tu es contaminé, t'es comme eux. »
Pareil avec mes potes du quartier. On se connaît depuis belle lurette. Ils ne croient plus aux dirigeants et à leurs promesses. Rupture totale et définitive. Ils m'interrogeaient quand je m'occupais de sport. On débattait football en parlant fort. La politique s'invite rarement dans nos discussions. Ils s'en contrefoutent de mes papiers et encore plus de mes déjeuners. Ils ont acheté mon livre sur François Ruffin – qu'ils ont découvert par la même occasion – pour me faire plaisir. Je vis

dans deux mondes parallèles, distincts, deux univers qui n'interagissent jamais. Je cloisonne tout.
Je dois faire coexister les deux, passager clandestin de ma double existence. La famille et le quartier ne sont pas l'endroit idéal pour satisfaire mon ego. Le journaliste aime jouer de son statut dans son cercle personnel. Je suis obligé de m'éloigner de ma terre natale pour enfiler le costume du mec important auprès de potes qui savent ce que je représente ; ceux qui m'écrivent pour me dire que mes articles sont super. Le pisse-copie doit dire comment sont en « vrai » ceux qui nous dirigent, mais pas seulement. Durant le Covid, le téléphone sonnait en rafales avant chaque prise de parole du président, histoire d'anticiper. « On va rester confinés ? » La présidentielle représente cependant le graal ultime. Les hésitants ont besoin de nos lumières sur les méchants, les gentils, les sondages et les coulisses. Les dimanches de vote, on reçoit des messages dès la fin de matinée pour savoir qui sera au second tour, comme si nous étions des oracles infaillibles.
On en devient épouvantablement blasés. On répond aux interrogations en feignant la moue. Des acteurs. Je me revois à table, revenu de tout. « Pfff, un message de Benoît Hamon… Qu'est-ce qu'il me veut encore ? » Alors que ça fait deux jours que je l'ai contacté. Je suis tout heureux de faire savoir que j'échange en direct avec lui en espérant que quelqu'un le relève.

« Tu viens de recevoir un message de Benoît Hamon ?
– Ouais… Je ne sais pas trop ce qu'il veut un dimanche.
– Il dit quoi ?
– Rien d'important, je ne sais pas trop… Je lui écrirai demain. »
Le journaliste politique aime raconter ses dîners de famille « éreintants » à ses homologues. La discussion houleuse avec sa tante ou son beau-père qui roule pour Éric Zemmour ; son daron qui aime Fabien Roussel et les barbecues ; sa grand-mère qui trouve Emmanuel Macron « mignon » ; sa mère qui aimerait voir Marine Le Pen au pouvoir pour essayer ; sa sœur qui respecte trop Sandrine Rousseau. C'est important de tout dire quand on se retrouve. On se comprend entre nous, contrairement aux autres qui n'y entendent que dalle. C'est mignon la compassion. Certains n'attendent pas les retrouvailles avec les collègues. Ils tapotent leur anecdote sur les réseaux sociaux. Un « au secours » public en espérant que tout le monde *like*. Le scribouillard de la chose publique se la pète dans son milieu social mais il ne faudrait surtout pas qu'il se fasse prendre. Nous sommes des crâneurs bien dissimulés derrière nos ego. Revenons chez mes parents. Je parle peu politique mais parfois ça m'agace. Je serre les dents, ça me démange. J'écoute les bêtises des autres sur le Covid, la guerre en Russie ou l'élection présidentielle. J'ai envie de crier sur tout le monde. Je me retiens en regardant

mon téléphone ou en levant les yeux au ciel. Un soir, je me suis fait griller par mon frère qui a compris mes tourments silencieux. Pire, mon mépris. Il a bondi du canapé comme un kangourou vénère, regard de tortionnaire.

« Pardon, le journaliste politique ? Nous, ici, on ne comprend rien, contrairement à toi. Je suis un pauvre conducteur de métro, un imbécile qui ne démêle rien à la politique alors que toi, tu comprends mieux que nous autres… »

Ma sœur prend ma défense, comme toujours.

« Pourquoi tu lui casses la tête ? Il n'a pas dit un mot depuis tout à l'heure. Laisse-le tranquille.

– Peut-être qu'il n'a rien dit mais je sais ce qu'il pense. Lui pige tout, il pense savoir tout mieux parce qu'il est journaliste. C'est bon, qu'il dégonfle un peu avec ses conneries. Il nous prend pour des ânes parce qu'il écrit des articles et qu'il parle avec des mythos. Il est devenu comme eux. »

L'enfoiré, il m'a grillé.

Naufrage

Mercredi 19 octobre 2016. Vingt mois dans la bulle. J'attends les résultats de la primaire écologiste dans mon bureau en scrutant mon téléphone. Dring, dring. Un conseiller de Cécile Duflot s'annonce au bout du fil. Il a la voix des soirs d'infortune.
« Ça va ?
– Bof, Cécile est éliminée.
– Euh, éliminée, comment ? Le dépouillement commence à peine…
– Oui, mais c'est mort. Elle a perdu. Ne l'écris pas pour le moment, s'il te plaît. »
Surprise totale. Je me souviens encore de la belle histoire pour la presse. L'escouade au nom de « Vital Michalon », et tout le reste. On en parlait souvent. La favorite évoquait sa probable défaite. Je prenais ses remarques pour de la fausse modestie. Je souffle, seul dans mon coin. La journée risque de prendre un coup d'accélérateur quand mes chefs l'apprendront. J'hésite à lui écrire. Qu'est-ce que je pourrais bien lui dire ? Sentiment étrange, ambivalent. J'ai de la peine

pour elle. Nous sommes des humains, après tout. Je ne vais pas raconter de mythos. On préfère certains politiques à d'autres. Cécile Duflot tombe et je n'ai pas envie de raconter une histoire horrible. Comme prévu, mes boss sautent au plafond. Ils m'offrent deux pages pour raconter le naufrage. J'ai deux heures pour écrire mon premier grand moment de journalisme politique. La nouvelle se répand. Cécile Duflot publie un communiqué polaire.

« Les électeurs et les électrices ont majoritairement estimé que je n'étais pas la mieux placée pour porter le flambeau. J'en suis déçue, comme toutes celles et tous ceux qui ont cru en ma candidature. [...] Je vous appelle toutes et tous à participer au second tour. Nous avons besoin d'une candidature écologiste qui tienne bon dans la tempête de 2017. Chacune et chacun fera son choix entre les deux candidatures arrivées en tête. Pour ma part, je soutiendrai comme je m'y suis engagée celle ou celui qui sera désigné. »

Trop froid pour le papier. Sa chute doit relever de l'intime. Il faut que le lecteur sache ce qu'elle ressent et qu'en conséquence, vanité du plumitif, la bulle soit jalouse de l'article, le mien. J'ai de la peine pour la perdante mais je reste un journaliste politique. Je compulse mes carnets à la recherche d'une scène fondatrice. L'été dernier, lors de la rentrée des écologistes à Lorient, j'avais discuté sur un bout de

pelouse avec elle. Je lui avais demandé quel pourrait être son avenir en cas d'échec.
« Si vous ne gagnez pas, ça va être très compliqué pour vous. Vous allez perdre en crédibilité au sein de votre famille politique et vos anciens amis, devenus adversaires, François Hollande ou Jean-Luc Mélenchon, vont être heureux…
– Franchement, vous croyez que la politique, c'est toute mon existence ? Je connais ce parti et je sais que ça sera dur pour moi, mais j'ai eu une vie avant la politique et je sais d'où je viens.
– Ce n'est pas un peu trop risqué ?
– Aujourd'hui, j'ai ma famille, mes enfants, et je suis heureuse. Si je perds, c'est la vie. »
Vraiment, les choses sont-elles aussi simples que ça ? J'en doute mais je ne dis rien. Le scribouillard, le novice déjà accro à la bulle, observe sagement.

Romance

20 novembre 2016. C'est la saison des primaires. Déménagement pour une soirée. Mes chefs me demandent de suivre les résultats de la primaire de la droite au siège des Républicains. À des années-lumière des fiestas de gauchistes, dont je suis à présent un habitué, l'ambiance s'avère plus guindée. Les militants plus âgés sont pomponnés et ils mangent des clémentines pour patienter. Je ne connais pas grand monde, voire personne. Je suis un gars cool dans les soirées de gauche mais un inconnu à droite. Je suis perdu ; l'impression de repartir à zéro. Une dame me regarde de loin, ausculte mon badge de près. « C'est à cause de gens comme vous que Nicolas Sarkozy a des problèmes, vous devriez avoir honte, vous et votre journal », lâche-t-elle, irritée. Je souris bêtement. Déjà, à l'entrée, un vieil homme aux cheveux gris, trempés pour cause d'averse, m'a interpellé en regardant mon accréditation. « La presse est libre mais ce n'est pas une raison pour écrire n'importe quoi. » J'ai souvent eu droit à des remarques pendant

les meetings de Jean-Luc Mélenchon. Des militants qui font une halte près des journalistes pour signifier leur haine. Ça m'a toujours fait rire. Je ne m'attendais pas à cette attitude à droite. Les bien élevés peuvent toujours surprendre.

La colère des militants ne tombe pas du ciel. Les résultats ne sont pas encore officiels mais tout le monde sait. Nicolas Sarkozy ne passera pas le premier tour de la primaire. Nous autres journalistes politiques, on les chérit, les défaites, les Waterloo du bout du jour, on les bichonne. Ce sont elles qui nous permettent de raconter de grandes histoires. L'odeur du sang file de l'inspiration. La bulle grille tout au moment de la chute, tous les *off* deviennent publics. Plus de place pour les sentiments.

Toujours plus facile de s'en prendre à un politique qui tombe. Le journaliste peut raconter les « coulisses » de la défaite en piochant des scènes dans ses carnets. Il importe de commencer ses papiers par un moment fort pour frapper les esprits. Un pote prévoyant suivait une politique en difficulté durant des jours pour préparer le papier de la défaite. Je n'en comprenais pas la raison. Enfin, si. Je voulais en être certain.

« Pourquoi tu l'escortes à chacun de ses déplacements ? Tu n'as pas tout ce qu'il te faut ?

– Mon papier est prêt. Ne manque qu'une attaque, un truc fort. Je l'accompagne en espérant qu'un truc se passe.

– En gros, tu as ton papier mais tu cherches une belle anecdote pour le début du papier ?
– Oui. J'ai des scènes mais elles ne sont pas géniales. Je veux glaner un truc qui image à la perfection son désarroi actuel. »
On romance à l'excès. Les récits au long cours nous font perdre la boule. Le décor prend le dessus sur tout le reste. J'ai toujours été mal à l'aise face à des collègues qui écrivent des histoires incroyables à partir de scènes banales. Tout ça pour laisser entendre que rien ne leur échappe. Foutaises.
Les lendemains de déconfiture permettent aussi aux journalistes de régler des comptes. Splendeurs et misères des courtisans. Je me souviens d'une discussion avec un collègue de bureau à *Libé* qui a longtemps suivi la droite. À ses débuts, il couvrait la mairie de Paris au *Parisien*. Son téléphone fixe sonne un matin. Son chef lui demande de venir. Surprise : Alain Juppé, maire adjoint de la capitale, s'est également invité dans le bureau. Le confrère se fait gronder comme un gamin devant l'élu après un papier sévère. Alain Juppé est satisfait, le journaliste humilié. Une vexation qu'il n'oubliera jamais. Des années plus tard, en 1999, le maire de Bordeaux de l'époque est condamné à une peine de prison avec sursis et à de l'inéligibilité pour prise illégale d'intérêts. La fameuse affaire des emplois fictifs de la mairie de Paris. Le confrère a rejoint *Libé*. Il croise Alain

Juppé. Le condamné mange un sandwich au thon, seul sous un arbre. Une scène qui image sa chute. Le confrère prend le temps de décrire le moment, avec force détails, dans un article qui sera publié le lendemain dans le journal. Une description simple et létale. Son téléphone sonne alors sans discontinuer. « Je ne me suis pas justifié. J'attendais ce moment depuis des années. Je le vois encore dans le bureau pendant que je me faisais crier dessus avec son sourire de biais. Une humiliation. Je lui ai rendu la monnaie de sa pièce. »
Nicolas Sarkozy monte sur scène. Il arrive sous les applaudissements. Son épouse, Carla Bruni, se tient près de lui. Il reconnaît sa défaite, annonce que son parcours politique arrive à son terme. Des cris. Des militants nous regardent pour nous insulter. Deux femmes enfiévrées déclament : « Dehors, les journalistes, vous êtes des traîtres à la France. » L'ancien président de la République descend de la scène. Mes chefs m'ont commandé un papier d'ambiance. Je lis dans le regard des confrères, ceux qui suivent la droite au quotidien, que c'est autre chose qui se joue. Le héros de la droite vient de trébucher. La grande histoire, celle d'un retour manqué, peut s'écrire.

Embedded

Mars 2017. Deux ans et un mois dans la bulle. Dernière ligne droite de la campagne présidentielle. Le candidat socialiste se retrouve dans la nasse. Après sa victoire à la primaire entre socialistes un mois plus tôt, Benoît Hamon planait. Février a agi comme un terrible choc de retour. Jean-Luc Mélenchon, que je suis également, lui siphonne ses voix dans les grandes largeurs. L'ancien ministre de l'Éducation s'enfonce dans les limbes comme un gamin sur un toboggan. Je lui écris pour passer du temps avec lui, histoire de comprendre ce qui cloche. Les journalistes badent d'être *embedded* avec les représentants d'envergure. On gratte toujours pour voyager avec eux, ça nous donne de l'importance. On discute au wagon-bar. Les curieux s'ébahissent en passant. Ils se demandent qui sont tous ces gens autour de l'élu qui semblent ravis d'être là. Le politique donne son avis sur les sondages, la dernière polémique et la conquête de l'espace. On aime ces petits moments grappillés pour nous-mêmes alors qu'ils s'avèrent au

bout du compte un peu vains, futiles. Dans la foulée, on s'en délecte. « C'était super intéressant », « Il a l'air en forme », « Il n'a pas dit grand-chose »…
Benoît Hamon donne rancard un vendredi dans son QG, un joli loft proche de la place de la République. J'embarque avec lui en voiture pour Le Havre à ses conditions. « Je suis fatigué, on cause un peu et je dors. » Il parle de son impuissance face au départ des socialistes chez le jeune Emmanuel Macron. Un « poison qui se distille afin de détruire » sa campagne, promet-il. Durant le trajet, son menton tombe parfois sur sa poitrine mais il dort peu. Il passe du temps au téléphone, gère plusieurs problèmes à la fois. Des accords pour les législatives, une tribune à paraître dans la presse régionale, une tempête dans un verre d'eau après la sortie d'un de ses porte-parole. Je me languis mais je suis content d'être du voyage. Les paysages défilent au ralenti.
La voiture arrive dans la préfecture de la Seine-Maritime. Les collègues bondissent en direction du véhicule. Des micros, des perches, des caméras. Il descend, répond à quelques questions. Des journalistes m'interrogent.
« Vous venez de la gare ou de Paris ? »
Je balance, frimeur en diable, le sésame de la profession, *embedded*. J'en dis suffisamment pour les faire bisquer ; pas trop, pour ne pas les heurter. Benoît Hamon visite le port de la ville. Je regarde, prends

des notes. Le socialiste remonte dans son véhicule pour le meeting à quelques hectomètres de là. Douche froide en perspective. Trop grande, la salle se révèle à moitié vide. Le candidat apprend la nouvelle peu avant d'entrer en scène. Il pète un câble dans sa loge, saccage les chaises qui ne demandent rien à coups de latte. Il cherche des coupables. Le meeting diffusé en direct sur les chaînes d'info en continu prend un tour inattendu. Deux membres de son équipe se pointent dans le coin presse pour minimiser la casse et remixer l'histoire. Les chaises vides ne le seraient pas vraiment et l'ambiance n'aurait rien de glauque. On se marre, contrairement à elles. Le candidat sort de la loge. Son sourire ne masque pas la crispation. Discours moyen. Un soir sur la banquise. Ça faisait des jours que j'avais compris. Benoît Hamon ne sera pas le prochain président de la République. Au Havre, j'entrevois le pire, l'accident industriel. Je le retrouve en coulisses. Un petit buffet est organisé avec les militants. Je reste à l'écart. Il assure le service après-vente, comme un professionnel. Sourires et photos. Il se force. Semble tanguer, touché. Son équipe lui fait des signes de la main. Bientôt minuit, l'heure de prendre congé. Benoît Hamon me regarde, s'approche, la voix basse.

« On rentre ensemble ? »

Je ne le connaissais pas vraiment avant cette campagne. J'ai réussi à tisser un lien avec lui durant la primaire. On n'était pas nombreux à le suivre, personne ne misait un sou sur sa pomme. Les regards étaient tournés vers les deux têtes de l'exécutif en place, François Hollande (qui a renoncé avant la bataille) et Manuel Valls (qui s'est ramassé). Durant les primaires, il venait toujours au bar, buvait des coups avec la poignée de journalistes après les meetings. Un client parfait. La bulle adorait le suivre. Ce soir-là, au Havre, je sais qu'il me demande si je veux le raccompagner par pure courtoisie. Il n'a aucune envie d'avoir un plumitif sur le porte-bagages. Le retour risque d'être long. Est-ce que c'est ma place ? Je décline. Il me serre la paluche.

Un policier en charge de sa sécurité – comme pour tous les candidats à la présidentielle – s'approche, me fait un signe de la main pour me faire comprendre qu'il lui reste une place. La voiture roule à toute vitesse ; les gyrophares illuminent l'autoroute vide. J'arrive à la maison, je sors mon ordinateur pour tapoter un article : « Benoît Hamon à la recherche de son déclic. » Je n'évoque pas les trajets en voiture, j'essaie de raconter avec tact la déprime et les chaises vides. *Embedded*, on ne peut pas cogner trop fort. Ça ne se fait pas. On s'autocensure. Écrire du mal alors qu'il m'a ouvert toutes les portes serait une trahison.

Cerf-volant

Juin 2017. Emmanuel Macron est élu président de la République depuis quelques semaines. Un nouveau monde, paraît-il. Je suis à Marseille, au soleil comme toujours. Dans quelques heures, sauf séisme de dernière seconde, Jean-Luc Mélenchon devrait être élu député. Il se balade dans la ville en souriant. Je rencontre pour la première fois Benoît Payan, le futur maire. On déjeune pour faire connaissance. Un pari sur l'avenir bien senti. Je grimpe dans le train. Une escale à Villeurbanne, via Lyon. Ambiance moins rayonnante. Je retrouve Najat Vallaud-Belkacem trois jours avant sa défaite. Elle est au fond d'une brasserie sans âme. On s'habitue à côtoyer les politiques dans un certain confort et là, tout tombe à la flotte sans prévenir. C'est la première fois que je la vois sans chauffeur ni garde du corps.

J'échangeais souvent avec la ministre de l'Éducation. Cafés ou déjeuners dans son bureau, discussions après un meeting ou lors de trajets en train. La petite fille qui a ouvert les yeux à Beni Chiker, un village marocain loin de tout, a toujours été méfiante avec la presse. Pas le genre à se confier. Elle répond rarement aux questions ; au contraire, elle en pose. Je m'en rendais compte à la fin, en repartant de son bureau.

Najat Vallaud-Belkacem parle peu de son enfance et de ses origines. Je l'ai croisée un jour dans les quartiers nord, à Amiens, où elle a passé une grande partie de sa vie. De retour comme ministre de l'Éducation, Najat Vallaud-Belkacem a pleuré face aux visages de son passé. Elle pensait tout maîtriser, elle n'y est pas parvenue. C'est la seule fois où je l'ai vue perdre le contrôle de ses émotions. Au fond de ce bar, l'âme seule a l'air perdue. Le téléphone ne sonne plus. *Apocalypse Now.* La belle vie semble appartenir à un autre temps. Le regard rivé sur son portable, elle rigole. Dans une émission de télé, Anissa Khedher, candidate d'En marche dans la circonscription voisine, propose d'installer des « paravents » pour diviser les classes en deux dans les établissements scolaires. Cette vidéo lui procure une sorte de soulagement face à la déflagration Macron. « C'est aussi impossible que de faire voler un cerf-volant en pleine tempête », se console-t-elle.

En vrai, j'ai fait le déplacement dans le Rhône pour cette scène. Je voulais la voir sans courtisans ; observer le parfum du revers de près. Je n'ai rien écrit en rentrant. Tout gardé dans mes carnets comme un reporter consciencieux, pas toujours animé des meilleures intentions. Les bonnes histoires se publient au moment opportun. Trois mois plus tard, une question lui tombe dessus. Souhaite-t-elle prendre la tête du Parti socialiste ? L'occasion de rédiger un long portrait de l'ancienne ministre en insérant toutes les anecdotes laissées en jachère dans mes carnets. Ouf ! Je ne suis pas allé à Villeurbanne pour rien. Je charrie mes collègues qui tournent durant des heures pour trouver la bonne scène pour arranger les histoires ; les romancer. Je me donne le beau rôle mais je ne suis pas mieux que les autres. Je veux aussi faire le beau, le fort et l'important.

Acte III
La grosse tête

Taulier

Juillet 2017. Je me pointe sur la pelouse de Reuilly, à Paris. Benoît Hamon organise une fiesta pour annoncer son départ du Parti socialiste, quelques semaines après son revers à la présidentielle. Les envoyés spéciaux sont nombreux. Des retrouvailles. On découvre aussi les petits nouveaux, ceux qui vont suivre la gauche durant le quinquennat. Les journalistes politiques font toujours le point sur leur avenir après chaque présidentielle. C'est la fenêtre *mercato*. La bulle s'ébroue, se réorganise. Ils changent de fromagerie. Ils peuvent passer du *Parisien* au *Point* ou de *Libé* au *Journal du Dimanche*, voire du *Figaro* au *Monde* et de *L'Obs* à *L'Express*. Aucun transfert n'est proscrit. Un échotier de la vie des élus peut changer de rédaction sans modifier sa manière d'opérer. Il raconte, décrypte les enjeux et les coulisses en demeurant objectif, paraît-il. De grands récits et de petites informations. Un grand nombre d'entre eux ont cassé le « ni de droite ni de gauche » bien avant Emmanuel Macron. Tu croises un collègue qui bosse dans un journal de droite et le lendemain tu le retrouves dans un média de gauche. Ça ne dérange personne. En ce qui me concerne, pas un coup de fil, rien. Personne n'a cherché à me transférer depuis le FC Libération. Les enflures. Ça aurait pu câliner mon ego au développement exponentiel. Pourtant, mon chef me répète tous les jours que je suis trop fort. Bref, c'est la rentrée. Je fais le bêcheur, forcément. Les politiques me connaissent tous. Ils me serrent la paluche. Deux ans à peine dépassés et j'ai les deux pieds en plein dans la bulle.

La star du jour passe une tête sous une grande tente blanche qui abrite le carré presse. Il s'assoit sur un bout de table. Je me pose près de lui, marque mon territoire. Il fait des blagues, dont certaines me sont destinées. Un collègue s'approche en fin de journée. « Tu es Rachid Laïreche de *Libé* ? Je t'ai vu tout à l'heure durant le point presse. Je pensais que tu étais de l'équipe de Benoît Hamon. »

Qu'est-ce qu'il croit, le jeunot ? Je suis dans la place, un taulier.

Émoticônes

Avril 2018. Trois piges et deux mois dans la bulle. Les deux pieds sur le bureau, des écouteurs aux oreilles et un café à la main.
« Salut, Rachid, comment vas-tu ?
– Très bien. On aimerait bien avoir une interview de François Hollande.
– Sur quels sujets ?
– Déjà, il sort son livre pour son bilan. On pourrait revenir à son quinquennat ; parler de l'actualité aussi, de la gauche, des divisions au Parti socialiste jusqu'à Jean-Luc Mélenchon. Ce serait pas mal, non ? On pourrait faire une belle une.
– Ouais, carrément. Je fais la demande. »
Cet échange a eu lieu dix fois ou jamais. Je ne compte plus les discussions avec Sybil Gerbaud, la collaboratrice de l'ancien président. J'attends encore son feu vert. François Hollande a souvent accepté des déjeuners dans ses bureaux, rue de Rivoli, pour décrypter la situation en *off*. En revanche, il a toujours esquivé les grands entretiens, sauf exception,

notamment au début de la guerre en Ukraine. Il causait à visage découvert aux autres mais pas à *Libé*. Je fulminais à chaque fois que sa tronche apparaissait en couverture d'un autre canard. Pas un entretien durant son quinquennat. Quand je le voyais parler à tous les journaux nationaux, régionaux et spécialisés mais pas au quotidien qui m'emploie, j'appelais illico sa collaboratrice pour lui poser la seule question qui m'importait : « Pourquoi ? »

À chaque fois, elle trouvait une parade farfelue, une excuse bidon. Je faisais semblant de gober son baratin. Personne ne cherche à s'embrouiller. Les collaborateurs sont des rouages majeurs de la bulle. Ils font le lien entre la gent politique et nous autres, plumitifs de basse extraction. Je peux toujours écrire en direct à un élu pour recueillir du *off* ou une précision, mais il y a des règles à ne pas transgresser. On passe toujours par les assistants pour gratter une information, un entretien ou caler un déjeuner. Le tout avec des émoticônes flatteuses pour entretenir la flamme de cette connivence retorse. Le tutoiement est de mise. Parfois, en fin de journée, on boit des coups. Ça taille, ça ragote, ça potine, ça palabre, ça se la raconte.

On ne peut pas ranger tous les collaborateurs dans la même penderie. Il en existe plusieurs variétés. Il y a ceux qui travaillent pour un politique depuis des années. Ils ne défendent pas des idées mais un homme ou une femme. Toujours derrière, peu importent les circonstances et les cahots de la trajectoire. L'élu, au propre comme au figuré, quitte la gauche pour la macronie ? Qu'importe ! Ils peuvent t'appeler tard dans la nuit pour un mot qui leur déplaît dans ta prose du jour. Il place leur chef au-dessus de l'arc-en-ciel. Enfin, il y a ceux dont les journalistes s'entichent. Nos chouchous qui abreuvent nos curiosités insatiables. Les collaborateurs persuadés d'être plus intelligents et plus forts que ceux qui les font boulonner. Ils restent à l'ombre, tirent les ficelles, Gepetto de l'hémicycle. Ils contactent les journalistes pour conjecturer sur les impasses à venir ou bazarder des fadaises. Sur qui ? Il suffit de demander. Personne n'est à l'abri. Ils font beaucoup de bruit avec leur bouche. Une info, une coulisse, une crapulerie. De petits « barons noirs » qui prospèrent à l'abri des lampadaires. On aime tellement ça. Ce sont eux qu'on nomme « conseillers » ou « visiteurs du soir » dans nos papiers. Parce qu'ils prennent de la place dans notre monde même s'ils sont supposément invisibles. Des fantômes derrière les paravents de la République. Ils n'ont pas le droit d'apparaître, jamais, et tout ce qu'ils disent doit rester *off*. À l'évidence, chacun y trouve son compte.

Loup

23 mai 2018. Trente-neuf mois dans la bulle. La porte s'ouvre, enfin. Jean-Luc Mélenchon reçoit *Libé* dans son bureau pour un entretien. Je lui parle un peu depuis son élection, quelques mois plus tôt, dans les couloirs de l'Assemblée nationale. Des échanges furtifs pour nouer le contact. Comment peut-il me résister ? Je deviens pote avec son attachée de presse, Juliette Prados. On a rapidement mis de côté le coup de Trafalgar de la Fête de l'Humanité. Elle habite Montreuil, nous sommes donc plus ou moins de la même famille. Elle a grandi dans les Yvelines, à Marly-le-Roi, entourée de sa petite sœur, d'un père ingénieur et d'une mère institutrice. Une enfance « idyllique ». Des parents qui s'aiment, des vacances à la mer et des pique-niques en forêt. Juliette Prados milite au côté de Jean-Luc Mélenchon depuis 2006. Comme lui, elle a quitté le Parti socialiste après y avoir cotisé quelques années. À l'époque, elle turbine dans l'événementiel culturel, les festivals surtout. En septembre 2012, Jean-Luc Mélenchon est

à la recherche d'une attachée de presse ; elle, d'un nouveau job. Un ami commun glisse son nom. Elle devient le lien entre la bulle et Jean-Luc Mélenchon, qui ne porte guère les scribouillards dans son petit cœur qui bat. Je lui casse la tête depuis mon arrivée dans le film. Je veux voir le chef ! Une nouvelle bouteille à la mer en avril. « Ça paraît jouable », en guise de réponse. Ça palpite. Je ne m'enflamme pas ; je n'en parle à personne. Deux jours plus tard. Dring, dring. Je rate le coup de fil. Un message de Juliette Prados.

« Tu peux me rappeler ? Urgent. »

Un café, un endroit calme dans la rédaction.

« Hello, ça va ?

– Oui. Jean-Luc est d'accord pour l'interview. La semaine prochaine dans son bureau, mais on doit bien se mettre d'accord.

– Euh, dis-moi…

– L'interview sera en une et on veut l'assurance que les photos et les titres ne soient pas pourris. Je me suis engagée, je lui ai dit que tout se passerait bien. On vous propose un nouveau départ.

– Promis, tout sera super ! »

Je raccroche. Ça se précipite dans mon cerveau. J'en parle à mes chefs, ils kiffent. Les jours passent trop lentement. Peur de la marche arrière brutale, de l'appel qui annule tout. On se pointe dans son bureau à quatre, une armée mexicaine. Une première depuis six ans. Une éternité en politique. Les loups sont dans la bergerie, enfin, moi surtout. On ne se quittera plus. Je savais que Jean-Luc ne pourrait pas me résister.

Micro-monde

12 octobre 2018. Panique. Je ne travaille pas et une information de la plus haute importance ne devrait pas tarder à voir le jour. Elle circule depuis des mois dans la bulle. Le député européen Emmanuel Maurel serait sur le point de quitter le Parti socialiste. Je lui en veux. Il annonce son départ alors que je suis en congé. Je l'appelle. Après de longues minutes de conversation, il crache sa vérité *mezza voce*. Il a donné un entretien pour annoncer son départ au *Monde* qui sera dans les kiosques et en ligne dans quelques heures. Impossible de rater ce moment crucial, tout devient dérisoire à côté. Une idée biscornue traverse mon cerveau déficient. Je demande un service à mon confrère du *Monde*. Nous sommes potes. On se fait trop de blagues sur WhatsApp.
« Salut, je suis en repos et je sais que Maurel va annoncer son départ chez toi… »
Il coupe :
« Maurel ? Non. Je n'ai pas fait d'interview. »
Peu convaincu, j'insiste :

« Écoute, envoie-moi l'interview, je prends quelques citations et il sera en ligne après la publication de ton interview. Je ne veux pas te niquer.
– Je te jure que je n'ai pas fait d'entretien avec Maurel. »
On raccroche. Je suis perdu. Qui ment : Emmanuel Maurel ou mon confrère ? Ma sœur a besoin de moi pour la rédaction d'une lettre. Je suis devenu l'écrivain public de la famille. Un courrier important. Elle m'attend mais je traîne. Je lui explique la situation explosive au téléphone. Un silence.
« Emmanuel Maurel du Parti socialiste, tu te fous de ma gueule, mais c'est qui cet inconnu ? T'es sérieux avec tes conneries ? »
Le député européen est un mélancolique très attaché au parti de François Mitterrand, Michel Rocard et Jean Poperen, son mentor. Un littéraire qui se tient à l'écart des réseaux sociaux. Il considère que « ça rend les gens cons », y compris les plus brillants. Emmanuel Maurel est un bon client. Les déjeuners durent des plombes. Des anecdotes, des rires, des regrets. Ma frangine ne peut entendre ce genre de considérations. Je parle dans le vide. *Le Monde* est en kiosque et, à l'évidence, mon confrère a menti. Emmanuel Maurel est en grand dans le journal. Pas le temps de régler mes comptes. Je sors mon ordinateur à grande vitesse et je complète l'article que j'avais en partie rédigé. Ma journée de repos peut enfin commencer. Ou presque. Je reste les yeux rivés

sur mon portable pour vérifier les commentaires et les réactions. Le journaliste politique s'avère à l'usage un grand malade constamment à l'affût.
Son départ est un tremblement de terre dans notre micro-monde. Ma sœur se situe à des années-lumière de tout ça. Elle grince. « Il est occupé, il est peut-être au téléphone avec Maurel », « Comment va Monsieur Maurel ? », « J'ai un problème au travail, tu penses que Maurel pourrait le régler ? ». Elle m'a vanné pendant des semaines. Il y a peu, elle en a remis une couche. « Le gars, ton pote Maurel là, tu sais que je ne l'ai jamais vu à la télé. Il devient quoi ? » J'ai eu du mal à trouver une réponse convenable.
Dinguerie intégrale. La moindre saillie, le tweet le plus concis peut gâcher (ou animer) notre journée. Les politiques le savent. Certains nous envoient leurs posts par message pour le cas où on goberait les mouches. Les réseaux sociaux – surtout Twitter – sont nos véritables rédacteurs en chef. Spirale infernale. Les journalistes politiques pensent-ils réellement que le soutien du Parti radical de gauche à telle ou telle organisation peut influencer les électeurs. Je me suis surpris à plusieurs reprises à demander à un socialiste : « Qu'est-ce qui se passe si le PRG ne soutient pas Anne Hidalgo ? » On est prêts aux pires extrémités pour connaître en premier la localisation du prochain meeting de Yannick Jadot ou de Jean-Luc Mélenchon et en faire un tweet avec

le mot « info » écrit en gros sur la page. On négocie sévère pour dévoiler la prochaine affiche de campagne d'un candidat.
Je dis « on » mais je me suis très vite tenu à l'écart de la folie des informations qui n'intéressent pas grand monde, voire personne. J'ai trouvé une combine sur les réseaux sociaux pour railler mes camarades en publiant des informations fausses et drôles avec le label « Info Rachid ». Tellement fier de ma trouvaille. Jusqu'au jour où je me suis pris vraiment trop au sérieux avec mes blagues qui faisaient glousser la bulle. Je suis devenu pire que les autres en me moquant des autres. Il n'y a aucune échappatoire. Le système finit toujours par nous rattraper. J'ai arrêté de faire le beau avec « Info Rachid ». Ma prétendue vigilance ne m'a pas empêché de tomber dans le panneau de la foire aux vanités.

Croque-mort(s)

Mardi 16 octobre 2018. Dans son salon au lever du soleil, Jean-Luc Mélenchon se filme en direct. La police est à son domicile pour une perquisition. Folle journée en perspective. Je décide de me rendre au siège de La France insoumise, rue de Dunkerque, près de la gare du Nord, au cas où. Je cherche à savoir pourquoi la police est chez lui. Tiens, les forces de l'ordre sont également à l'intérieur du QG, mais pas seulement. Une quinzaine de personnes, membres ou proches de la galaxie insoumise, ont été perquisitionnées dans le cadre de deux enquêtes préliminaires ouvertes par le parquet de Paris. La première concerne de présumés emplois fictifs d'assistants parlementaires européens. La seconde porte sur les comptes de campagne pendant la présidentielle. Mon téléphone vibre sans arrêt, chefs, collègues, etc. Pas grand monde devant le siège. Je discute avec une consœur d'une radio.

Soudain, il s'approche. Jean-Luc Mélenchon marche à grands pas. Regard sombre et visage des très mauvais jours. Il s'arrête un instant devant le numéro 43, l'immeuble du siège de son parti. Le député observe ses troupes. D'un grand geste de la main, il lance : « On y va ! Personne ne pourra m'empêcher de rentrer chez moi ! » Il grimpe les escaliers, sa bande l'escorte. Au premier étage, deux policiers en civil stationnent devant la porte. Ils font barrage, les décibels s'envolent.

J'accompagne les aventures de Jean-Luc Mélenchon depuis bientôt quatre ans. Je ne l'avais jamais vu dans une fureur pareille. Enragé, à la limite de l'hystérie. « Enfoncez la porte, camarades ! » ordonne-t-il à plusieurs reprises. Je sors mon téléphone pour filmer. La situation est grave. Après un moment sur le palier, face à la police, une porte s'ouvre. Il s'engouffre avec les siens. Du bruit, de mini-échauffourées. Le député bouscule le procureur, un policier. Il est en sueur, ne décolère pas. Les forces de l'ordre mettent un terme à la perquisition avant l'heure. Éreinté, Jean-Luc Mélenchon s'appuie sur ses troupes avant de s'asseoir. Sa chemise est trempée, ses yeux rouges. Certains élus de La France insoumise sont en larmes.

Je viens de vivre le plus fou de mes moments en politique. Je sors de l'immeuble. Des militants ont fait le déplacement, la presse aussi. Des confrères demandent des précisions. Je connais mon quart d'heure warholien, star éphémère de la bulle. Je raconte tout en montrant les vidéos. On s'installe dans une pizzeria. La sentence tombe, Jean-Luc Mélenchon est politiquement mort, pour de bon. Pas de énième chance comme pour tant d'autres. Il ne pourra jamais se relever de cet épisode. On en est tous persuadés. Je file au bureau pour écrire un article destiné à faire causer le lendemain. Toutes les télés et radios me contactent pour venir en plateau. Ils veulent les détails et, partant, le sang qui s'en échappe. Je refuse, catégorique. Les intelligents sur les chaînes d'information en continu partagent l'analyse des intelligents de la pizzeria. Jean-Luc Mélenchon est passé de vie à trépas pour ce qui est de la vie publique. La bulle l'enterre de concert.

Retour sur les lieux du crime, trois jours plus tard. Le principal intéressé organise une conférence de presse. La petite salle déborde. Posé au premier rang, j'observe la tension de près. Jean-Luc Mélenchon ne me lâche pas du regard. Il m'en veut, il aurait aimé que je sois de son côté. Gêné, je baisse les yeux. Furieux, il ne laisse pas de place au vide, ni à la contradiction. Il dénonce d'« odieuses violences psychologiques », « une offensive politique organisée par la macronie ». Face à la presse, il ne prend pas de raccourcis. « Je ne vous aime pas », jure-t-il l'œil charbonneux. Durant des mois, tous les journalistes politiques rappelleront, dans les papiers qui le concernent, l'épisode des perquisitions. Comme il est supposé mort, jamais il ne pourra se relever. On marche en meute. Les électeurs pensent comme la bulle, forcément. Ensemble, on réfléchit à celui ou celle qui pourrait prendre sa place à gauche. Son décès politique pourrait ressusciter des personnages en coma plus ou moins profond. Des papiers fleurissent sur les anciens ministres de François Hollande qui se préparent derrière des scènes virtuelles. Christiane Taubira, Najat Vallaud-Belkacem, Bernard Cazeneuve, Arnaud Montebourg, etc. Rien n'est organisé. Tout se cuisine à partir de notre gamberge collective. On sait mieux que tout le monde. C'est notre métier. Notre folie se déguste en ligne ou se retrouve chez le kiosquier. Au bureau, un collègue demande quelque temps plus tard mon avis sur la suite et la présidentielle à venir. Je fais semblant de réfléchir, pas de réponse à la va-vite. Le journaliste ne tombe pas dans la facilité.

« Éric Piolle, voire Arnaud Montebourg, peuvent rassembler la gauche en 2022.

– Piolle, je vois bien. Un maire écologiste d'une grande ville, mais Montebourg est porté disparu, non ?

– Justement. Il est entrepreneur. Il peut donc revenir en disant qu'il a travaillé durant son absence et qu'il a beaucoup de points communs avec Jean-Luc Mélenchon sur l'économie et l'Europe. Il a le bon profil pour rassembler les gauches, sauf peut-être les écologistes, qui ne l'apprécient pas. »

Mon collègue acquiesce. Je suis le spécialiste de la gauche, hein. Ma parole est au-dessus de la mêlée, je suis au plus près de l'information et de l'analyse. Cette discussion, je l'ai tous les jours sur les boucles WhatsApp avec des reporters de mon acabit. La suite de l'histoire, tout le monde la connaît. En 2022, Jean-Luc Mélenchon est arrivé loin devant les autres candidats de gauche à la présidentielle. Éric Piolle s'est crashé dès le premier tour de la primaire écologiste. Arnaud Montebourg, lui, a fait un tout petit tour de piste qui s'est terminé en eau de boudin. Il n'a même pas réussi à monter sur le cheval alors que les journalistes politiques en faisaient des caisses à son propos.

Pépito

Les révolutions rouges ont souvent lieu en octobre, semble-t-il. Le même mois en 2018, le parti communiste change de tête. Pierre Laurent perd sa place, Fabien Roussel prend la suite. Le premier est resté le plus haut dignitaire de la place du Colonel-Fabien durant huit années. J'ai souvent apprécié nos échanges faits de phrases inachevées et de silences. Pierre Laurent venait d'un autre temps, celui d'avant la « start-up nation » de Macron, et son supposé nouveau monde. Un midi dans un bistrot, il me disait : « Je rejette la violence et je crois profondément à la dignité dans le débat. Je suis peut-être l'un des seuls à le dire, mais tout n'est pas permis en politique, même vis-à-vis de son pire ennemi. » Le sénateur a perdu sa place à cause de cette foutue présidentielle. De nombreux « camarades » lui reprochent l'absence de candidat communiste en 2017 au profit de Jean-Luc Mélenchon. Une échéance cruciale pour les observateurs comme pour les électeurs, de l'or en barre pour une organisation en souffrance, en quête

de lumière. Fabien Roussel est arrivé sur son cheval telle une tornade. Il ne laisse aucun répit au silence. Des mots, des gestes (forcément grands), des blagues. Un genre de comique qui ferait de la politique. Un petit moment avec lui et le gratte-papier est perdu. On ne sait plus trop ce qu'on peut écrire (ou non). Je ne le connaissais pas avant. Je me suis attablé avec lui pour un déjeuner en 2019. C'était juste avant une manifestation contre la réforme des retraites, déjà. L'image est importante. Hors de question de paraître loin du peuple.
« J'ai une recommandation à faire au photographe. Durant la séance dans mon bureau, on me voit mettre ma cravate et je ne veux pas que les lecteurs s'imaginent que j'en porte une pendant les manifestations. Pas le genre de la maison. Si vous décidez de publier cette photo, merci de préciser dans la légende que la cravate, c'était pour l'Assemblée. »
L'attachée de presse des communistes grimace à chacune de ses sorties. La peur du mot de trop, du freestyle, de la polémique qui agite le bocal. Le secrétaire national n'écoute pas les mises en garde. Il déguste sa bavette et dévale sur tous les sujets. Un mot sur Laurent Ruquier qu'il aime « beaucoup ». Un autre sur Nicolas Canteloup qui le fait « mourir de rire », surtout lorsqu'il imite Dominique Strauss-Kahn et Céline Dion. La table se gondole. Fabien Roussel aime la France d'antan. Les mines, le charbon et la

graisse sur les mains. Il fantasme le passé, enchaîne les anecdotes. Le communiste entretient de « bons rapports » avec le patron de la CGT, Philippe Martinez. Devant moi, il le nomme « Moustache », « Pépito » ou « le Mexicain ». Les deux partagent une passion commune pour le whisky. Le député du Nord s'est pointé avec une bonne bouteille lors de leur premier rendez-vous. Un truc de bonhomme pour resserrer les liens.

« Il ne l'a pas ouverte alors qu'on est restés plus d'une heure et demie ensemble. Je ne vais pas dire le prix mais je l'avais payée cher. Je pensais que Martinez allait l'ouvrir, je voulais goûter ce whisky, mais non, elle était dans le petit sac près de lui, il m'a payé un café et il est reparti avec. »

Je me pointe le lendemain à la Bourse du travail de Saint-Denis. Les communistes organisent un meeting. Toutes les bannières de la gauche grimpent sur une longue estrade en bois. Au réveil, j'ai droit à un appel salé de l'attachée de presse.

« Rachid, t'es sérieux ? Tu viens de foutre la merde avec ton papier !

– Qu'est-ce que tu racontes ?...

– Tu écris dans *Libé* que Fabien surnomme Martinez Pépito et tu penses que tout va bien se passer ? Tu fous vraiment la merde.

– Je ne sais pas, moi, j'étais à table et personne ne m'a dit que c'était du *off.* »

Je descends en trombe les escaliers de la Bourse du travail et je tombe sur Pierre Laurent. C'est la première fois que je le recroise depuis qu'il a rendu les clés du parti. Je lui tends la main et il m'offre froidement la sienne en retour, accompagné d'un « Vous êtes content de vous ? ». Je feins de ne pas comprendre. Au terme du meeting, Fabien Roussel échange avec les journalistes. Il ne me regarde pas dans les yeux. Il m'en a voulu durant des semaines.

Au Nord, c'était les cordons

Janvier 2019. Bientôt quatre piges dans la bulle. Je grimpe dans le train pour me rendre dans le Nord. La maire de Lille, Martine Aubry, présente ses vœux à la presse. Une belle occasion pour la rencontrer. Elle vient rarement à Paris. La socialiste a coupé les ponts avec la presse nationale. Elle se concentre sur son territoire. Son attaché de presse m'a promis un moment avec la cheffe. Je m'installe. Les journalistes de la presse locale se tapent la bise, ricanent entre eux. Je reste à l'écart. Martine Aubry cause de la politique locale sans oublier d'étriller Emmanuel Macron. La conférence se termine. Des petits fours. Martine Aubry se place derrière des cordons de sécurité. Assise sur une chaise, elle est entourée de son équipe. Les scribouillards sont de l'autre côté. Pourquoi offrir un buffet avec des cordons pour séparer les deux camps ? L'attaché de presse me fait un signe de la main. Il me demande de franchir le poste-frontière. Je m'installe à côté de Martine Aubry.

Première rencontre.
« Monsieur Laïreche, vous savez que j'ai une histoire particulière avec votre journal ? » Son frère, Jean-Paul Delors, est décédé en 1982. Il était journaliste à *Libé*.
Nous sommes installés face aux représentants des médias régionaux. Je suis dans le mauvais camp, celui du gars qui vient de la capitale. Martine Aubry avertit :
« J'espère que vous n'espérez pas sortir votre stylo. On prend un petit verre pour faire connaissance.
– Oui, oui…
– Vous voyez le journaliste là-bas, il ne m'aime pas. Il écrit des articles uniquement à charge. Il est copain avec les écologistes qui veulent prendre ma place. »
Je comprends rapidement le petit manège. Elle va me faire le tour des confrères. Je ne les connais pas, j'ignore tout de leur média.
« Les deux, juste en face, je crois qu'ils sont alcooliques. L'autre derrière eux, pareil. Ils sont tellement aigris. Ils devraient laisser leur place, franchement, je croise plein de jeunes journalistes qui cherchent à se faire une place mais ils n'y arrivent pas. C'est malheureux. »
Le tour de la proprio continue. Des torgnoles pour tous les collègues. Je ne dis rien. Ni rires ni commentaires. Les populaires de la bulle, les anciens, m'avaient prévenu. Martine Aubry constitue un

numéro à part dans le milieu. Des membres de son équipe lui font des petits signes de la main avec le sourire extra-large pour signaler leur présence. Je laisse la place. Je m'éclipse. Sur le chemin du retour, je suis sonné. Un morceau de vie tellement étrange. Pas inutile pour autant. Le contact est noué. J'ai eu droit à quelques coups de fil de Martine Aubry dans la foulée. Toujours en numéro masqué. Elle ne m'appelait pas pour prendre de mes nouvelles mais pour me gronder. Elle se plaignait des articles qui la concernaient même lorsqu'ils n'étaient pas signés par ma pomme. Toujours le même western.

« Allô, monsieur Laïreche ? Martine Aubry à l'appareil ! »

La conversation se terminait à chaque coup par un dialogue de sourds.

« Très bien, je comprends ce que vous dites, mais peut-on envisager une interview pour *Libération* ? Ça fait longtemps, non ?

– Alors là, sûrement pas, pourtant vous connaissez mon lien avec votre journal, mais je n'ai rien à vous dire. »

The King

Mars 2019. Quarante-neuf mois dans la bulle. Je bois un kawa avec Olivier Faure, premier secrétaire du Parti socialiste, dans un rade près du Palais-Bourbon. Il lâche sans prévenir que Raphaël Glucksmann a accepté d'être tête de liste aux Européennes. Je ne relève pas et comprends illico que c'est une bourde. Une information de cette ampleur ne se lâche pas ainsi. En sortant, je passe un ou deux appels. Personne ne confirme. Raphaël Glucksmann ne décroche pas. Je tente un raccourci, via France Télévisions. Sa compagne, Léa Salamé, présente l'émission politique de la chaîne qui valide mes suppositions et m'en file une autre au passage. L'animatrice se retirera le temps de la campagne de ses activités professionnelles liées à la politique. Elle présentera son ultime émission dans quelques jours. Je suis le roi du pétrole. Personne ne peut me stopper.
Hop, petit message à Raphaël Glucksmann pour lui dire que je vais faire coup double. Il m'appelle dans la foulée en panique. Je ne décroche pas. On se marre

vraiment pour un rien dans ce monde de dingos. Il insiste, veut me voir.
« S'il te plaît, ne sors pas l'info pour ne pas compliquer la tâche de Léa qui prépare sa dernière émission, avec Marine Le Pen comme invitée. Elle ne tient pas à se retrouver en difficulté. Je lui ai promis que l'annonce de ma candidature se ferait après. Viens me voir demain matin et je t'explique tout », implore-t-il. Entre-temps, j'apprends qu'il donne une interview au *Monde*. C'est le « journal du soir » qui a l'exclusivité. Le fumier ! Je vais au rendez-vous dans un café sur les Grands Boulevards, l'air de rien. Une partie de poker. Il me raconte les coulisses du deal avec le Parti socialiste, me fait promettre de ne pas sortir la nouvelle avant l'émission qui se déroule le soir même. Je souris. Je ne m'engage à rien. *Libé* sort le scoop planétaire en fin de journée, un peu avant le début du programme. Content de mon coup, je m'esclaffe dans mon coin alors que tout le monde s'en contrefout. Rien à foutre. Dans ma tête, je reste et demeure le roi du pétrole.

Red Star

Un vendredi de mai, en 2019, je me pointe au marché de la Croix-de-Chavaux à Montreuil. Il y a foule, comme souvent. Dans la dernière ligne droite des élections européennes, des militants quadrillent le terrain, diffusent des tracts. Tout le monde s'en fout, ou presque. La propagande jonche le sol. Je glande avant de faire des courses. On ne me refile pas de flyer. Les ignorants. Ils ne me distinguent pas des autres. Ils ignorent que le scrutin continental rythme mon existence. Ne savent pas que je connais l'arbre généalogique de tous les candidats par cœur ; enfin pas loin.

J'aurais probablement refusé le tract par coquetterie mal placée. Qu'est-ce qu'ils pourraient dire que je ne sache déjà ? Inégalable dans l'art de me surestimer. Ils doivent sûrement lire mes papiers. Je donne le change en écoutant la faconde militante d'une oreille distraite. Je ne suis pas le seul à faire ça. La bulle se croise au marché. On habite tous dans les mêmes coins, les mêmes arrondissements à l'est et au nord de Paris, mais aussi dans les villes adjacentes (Saint-Ouen, Les Lilas, Bagnolet, Pantin, Montreuil, etc.). Habillés plus ou moins pareil. Les gars arborent souvent un bleu de travail. Comme une dédicace inappropriée de la petite bourgeoisie au monde ouvrier. Un accessoire de circonstance pour faire bien, acheté à la friperie du coin ou dans une boutique aux tarifs invraisemblables. J'ai pensé à m'en prendre un. Longtemps hésité. Quand j'étais gamin, en vacances en Algérie, mes oncles, qui travaillent aux ports d'Oran et de Mostaganem, en portaient. Je ne me suis jamais imaginé que ça deviendrait *trendy* des années plus tard. J'ai renoncé à me déguiser pour imiter les autres.

Les membres de la bulle se croisent également au stade, comme à Saint-Ouen, où beaucoup supportent le Red Star, le club phare de Seine-Saint-Denis qui voyage entre le deuxième et le troisième échelon national au gré des saisons de foot. J'ai grandi avec lui. Petit, mon club de Montreuil récupérait souvent des places. On se pointait en bande au stade Bauer dans le nord-ouest de la capitale. Des chips, des casse-croûte au thon à la catalane et une lointaine imitation gazeuse de Coca s'employaient à nous bousiller le bide. Au fil du temps, l'enceinte audonienne s'est, comme ailleurs, gentrifiée. Il reste quelques ultras du collectif à l'étoile rouge. Des bourgeois plus ou moins sympathiques ont investi les lieux. Supporter un club populaire fait partie du cahier des charges des urbains concernés. Comme la veste, ça fait bien. Ça se pavane pendant les vacances sur l'île de Ré et le bassin d'Arcachon et ça la joue *prolo* à Paris. Ce vendredi-là, j'ai croisé à Croix-de-Chavaux un collègue de la bulle. Mal coiffé comme pour un jour de repos, combinaison d'apprenti syndicalement bleue et marmaille dans la poussette. Un militant de La France insoumise s'est approché pour lui fourguer un tract. Quelle chance ! Le collègue qui taffe à la radio lui a décliné d'un vague geste de la main : « Non, c'est bon, je suis déjà au courant de tout. » Je refuse de me déguiser comme les gars de la bulle mais j'ai hélas quelques points communs avec eux.

Victime de la mode

Cinq jours plus loin. Le communiste Ian Brossat est en meeting à Paris, au gymnase Japy, dans l'Est parisien. La tête de liste communiste aux européennes a la banane. Ses supporters ont la pêche. Drapeaux rouges, sourires et cris de joie. Le foot se mêle à la politique. Je compare Ian Brossat à Benjamin Pavard, vainqueur de la Coupe du monde de foot 2018, que personne n'attendait à ce niveau et qui s'impose au fil des jours. Les sondages lui donnent un score au ras du sol mais les journalistes politiques voient autre chose sur le terrain. La dynamique semble jouer en sa faveur. Entre nous, on ne parle que de lui ou presque. Les papiers flatteurs envahissent la campagne. Consensus parmi les chefs : « Il a l'air pas mal, Ian Brossat ! »

Sur scène, le nouveau chouchou de la presse confirme nos impressions. « Nous devons tout faire pour réaliser un beau résultat, quelque chose est en train de se passer et nous pouvons être la surprise de l'élection. » Comment ne pas être d'accord ? Je croise un pote au meeting, un communiste de toujours. Il carillonne. Ça faisait des lustres qu'il n'avait pas vu une telle énergie chez les siens. Dans son entourage, tout le monde est persuadé que Ian Brossat réalisera un joli score. Le résultat tombe quelques jours plus tard. La liste en question arrive juste devant le Parti animaliste et derrière le centriste Jean-Christophe Lagarde : 2,49 %. Une claque. Je me suis juré de ne plus jamais tomber dans ce genre de panneau.

Boomerang

19 août 2019. Quatre piges et six mois dans la bulle. Une rumeur bruisse dans la ville. Gaspard Gantzer a fixé rencard dans un café du XVe arrondissement de la capitale. L'ancien communicant de François Hollande part à la conquête de Paris au printemps suivant. Mon statut a changé. Il sait qui je suis désormais. Gaspard Gantzer raconte le teint hâlé son plan pour rafler la mairie de la plus grande ville française. J'écoute sans y croire la litanie d'infos qui se bousculent. Il donne en passant un autre tuyau. Isabelle Saporta, chroniqueuse radio et compagne à la ville du député européen écologiste Yannick Jadot, fera équipe avec lui pour un ticket supposément gagnant. Je titube à l'intérieur. C'est quoi cette histoire ? En sortant, j'appelle un confrère de *L'Obs*, un pote, pour lui narrer le ragot.

« Mec, Isabelle Saporta se présente aux municipales à Paris avec Gaspard Gantzer.

– Non… Ça va barder chez les écolos. T'es sûr ?

– Plutôt, ouais. »

Mon téléphone sonne en fin de journée. Le confrère de *L'Obs* a eu Isabelle Saporta qui a confirmé. Un *gossip* de plus qui émoustille la bulle en plein été. Il demande une faveur. Il aimerait faire un article pour le site de son canard en avant-première. Vas-y, c'est gratos. Peu après, une alerte de l'hebdomadaire claironne sur mon cellulaire.

« Info. Isabelle Saporta candidate à la mairie de Paris avec Gaspard Gantzer. »

Je souris ; pas pour longtemps. Le nom de mon chef s'affiche à son tour sur mon portable. Je comprends de suite.

« Salut, chouchou, je ne te dérange pas ? Je ne sais pas si tu as vu l'info passer mais Isabelle Saporta est candidate à Paris avec Gaspard Gantzer. Ce serait bien que tu nous fasses un papier rapidement, genre ce soir. »

Cette information ne devait intéresser personne. Tous les ingrédients étaient réunis. L'été, les vacances, la plage, des protagonistes de troisième zone. Je l'ai refourguée parce qu'elle n'éveillait guère de passion chez moi. Un moment d'égarement. Dans la bulle, tout vaut de l'or, y compris la contrefaçon. Le boomerang emprunte parfois de drôles de trajectoires mais, à la fin, il fait toujours mal. Je dois me ressaisir comme Rocky Balboa après sa défaite contre Clubber Lang dans *L'Œil du tigre*.

Mon traître

Février 2020. Mon téléphone vibre bien plus qu'à l'ordinaire. Une liste citoyenne « avec zéro politique » se présente dans quelques semaines à Montreuil aux élections municipales. Elle veut faire tomber le maire communiste, Patrice Bessac. Je traîne à l'étage supérieur avec les grands hommes politiques. Les listes citoyennes, c'est autre chose ; ce n'est pas ma division. Parfois, je décroche. Un écho lancinant me rappelle à l'ordre. « Rachid, on a besoin de toi, narvalo, écris un article sur nous. » Je connais (pratiquement) toutes les têtes sur la liste Montreuil c'est vous. Des potes, des connaissances. Pas simple de travailler sur le quartier quand tu en viens. Il y aura nécessairement des déçus. Une virgule de travers et c'est la baston. On n'est jamais assez gentil pour les copains ou toujours trop méchant, selon les amis. Seront-ils capables d'encaisser que la victoire finale n'est qu'une illusion sous la plume d'un des leurs ? Poser la question, c'est déjà y répondre. J'ai quand même scruté les noms des impétrants à l'instant du café, retracé leur parcours.

La liste constitue un attelage hétéroclite. Mohammed, père de famille tranquille au quotidien, fait figure de tête de gondole ; il peut parler de politique pendant des mois. Bocar connaît toute la ville et ses secrets ; il raconte des anecdotes incroyables. Je me souviens de Meïssa, ma directrice, lorsque j'étais animateur au centre de loisirs de la ville. Elle avait les larmes aux yeux à chaque fois qu'elle perdait au Uno. Avec Faouzi, on s'est retrouvés à Vars (Hautes-Alpes) pour une colo à la montagne et on avait maté la qualification de l'Olympique de Marseille en finale de la Coupe de l'UEFA 1999 en crypté sur Canal Plus. Walid, lui, est un acteur. Il avait partagé l'affiche des *Rois mages* avec Les Inconnus. Toute la jeunesse de la ville rêvait d'imiter une des premières stars de Montreuil, Dagui Bakari, le footballeur international ivoirien. Maïmouna a une fille au collège qui est venue faire son stage de troisième à *Libé*. Et ainsi de suite.

J'hésite. Au bout du compte, je ne me sens pas capable d'écrire un article objectif sur eux. Trop compliqué. Certains me battent froid, d'autres boudent au loin. Ils se demandent à quoi ça sert d'avoir un journaliste parmi eux. Je trouve un subterfuge. J'écris un article dans *Libé* pour expliquer mon malaise. Une façon de causer de leur initiative sans vraiment y toucher. Le papier est bien évidemment passé inaperçu. Personne ne me lit au quartier. Le maire sortant, qui a capté mon stratagème, m'en a parlé. Patrice Bessac a gagné sans surprise dès le premier tour. Une déception pour la liste citoyenne. Ils en ont voulu aux abstentionnistes et ne m'ont pas oublié. Quelques mois plus tard, un gars est venu s'enquérir de mes arrière-pensées lors d'un barbecue au parc des Beaumonts.

« Rachid, maintenant que c'est loin derrière nous, s'il te plaît, tu peux dire la vérité. Aux municipales, t'étais en service commandé pour le maire ? »

Acte IV
Le choc

Torgnole

Mars 2020. On se claquemure, toutes les portes se ferment. Un satané virus en provenance de Chine mène une guerre terrible au Globe. Le Premier ministre, Édouard Philippe, annonce la fermeture de tous les lieux publics « non indispensables (*sic*) ». Le pays entier est assigné à demeure. Pas une voiture dans les rues des métropoles françaises mais des fournées d'apprentis coureurs de fond en quête d'oxygène. Comme beaucoup, je découvre les joies du télétravail. Cette période permet de retrouver les siens. La bulle ne vit plus ; elle se nachave subrepticement. Je reprends contact avec mes amis du quartier. On se gondole à distance via les différentes boucles WhatsApp. Mon job prend moins de place. Une pause qui fait du bien mais ne freine pas mon ego. Je me prends toujours pour le roi du monde, pas peu fier de mes papiers. Le confinement pourrait s'apparenter à une parenthèse où l'on fait semblant de croire à un monde nouveau, différent. La bulle reprendra ses droits dès que le président de la

République sifflera la fin de la récré. J'ai droit à des remarques de temps à autre. Mes proches me charrient pour mes articles qui « servent à rien ». Les vérités, douloureuses ou non, proviennent souvent de ceux ou celles qui prennent le plus de place. Dans ces cas-là, j'affecte d'être ailleurs, mais les critiques font leur chemin.

Un matin, au téléphone, le frangin qui taquine souvent mais qui est fier de moi, je le sais, m'a demandé le plus sérieusement du monde :

« Je ne sais pas comment tu fais. Genre, tu appelles tes gars qui racontent n'importe quoi, ils te vendent leurs salades et tu fais des articles ? Tu vois pas qu'ils baladent tout le monde ? Tu ne peux pas écrire des trucs qui nous intéressent, pourquoi tu n'écris pas sur des gens comme nous ? Je ne sais pas pourquoi tu as arrêté le sport, franchement t'étais plus tranquille avec les footballeurs. »

Un soir, une proche ne mâche pas ses mots. Elle me demande crûment au milieu d'une discussion anodine :

« Depuis tout à l'heure tu m'expliques que t'es important et que tes papiers font régulièrement la une de *Libé.* Très bien. Tu fais rire tes collègues et les politiques, ça te fait plaisir. Mais tu écris des papiers qui font du mal à la politique en racontant des trucs qui n'intéressent personne. C'est super si tu y trouves ton compte. En vrai, sérieusement, tu écris pour qui ? »

Cette période me propulse dans une nouvelle ère qui me raccorde aux miens. Les doigts dans la prise. Court-circuit et K.O debout en suivant. Ma petite cervelle entre en ébullition. Tombé de mon piédestal en plastique autodécerné. Je me trouve ridicule. Un électrochoc. Le flash-back surgit en instantané. De folles cavalcades pour capter une info en bois pour un inframonde qui coexiste avec ma vie hors l'hémicycle, mes papiers n'intéressent que le microcosme et satisfont surtout ma fierté « d'en être ». Je ne découvre rien. Je me mens à moi-même en jouant le beau mais je vois bien que tout ça ne tourne pas rond. Il y a déjà eu des vannes et des pics de proches dans le passé, des signaux faibles. Je fais semblant de ne pas voir. Pas cette fois. Le temps s'arrête. Je ne peux plus fuir. Je participe à ce système mortifère, un vase clos qui alimente le fossé entre citoyens et politique. Des histoires racontées par le petit bout de la lorgnette en mettant en scène des enjeux de pouvoir, des tactiques à court terme, la survalorisation de la guerre et du coup à venir. On livre une vision déformée et déprimante de la chose publique, des lois, des réformes. On oublie les retombées dans la vraie vie. Les problèmes des autres ne nous intéressent même pas. On parle des sujets de fond pour mettre en exergue les manœuvres plus ou moins basses des uns et des autres. Nous sommes obsédés par la stratégie. On entretient des relations tordues, ambivalentes, malsaines avec les élus. Embrouilles, rigolades, papouilles pour rester en contact, yeux doux pour choper une info, déjeuners pour recueillir des confidences, etc.

Les souvenirs sont chamboulés. J'ai une image en tête. Quelques semaines avant le confinement, un scribouillard, qui trime pour un canard de droite, marche fièrement dans le jardin de l'Assemblée nationale. Il revient d'un déjeuner en tête à tête avec une députée de La France insoumise. Il n'avait pas lésiné en optant pour le plus beau restaurant du quartier. Nouvelle coupe de cheveux, parfum et mocassins. On se pince. J'en rajoute un peu mais à peine. J'interpelle le fanfaron à ma manière :

« Gars, pourquoi tout ce manège ?

– Je ne la connaissais pas vraiment. Je voulais la rencontrer…

– Super ! Ça a marché ?

– J'espère. J'en ai profité pour l'interviewer.

– Argh, elle était la semaine dernière dans *Libé.* Elle a dit des trucs nouveaux ?

– Non, pas vraiment, ce n'est pas grave. C'est un petit plaisir. Je veux être certain qu'elle décroche quand elle voit mon numéro s'afficher. »

Comment sortir de ce monde de zinzins ? La désintox peut être longue. Je suis accro. Je n'ai pas répondu à la question mais j'ai la réponse. Pour qui j'écris des articles ? Pour l'essentiel à destination

de mes compères plumitifs et des politiques. On forme un genre de grands ensembles aux contours incertains. On vit dans et par la bulle. On attend des retours de ses habitants. Tout le reste n'existe pas ou si peu. Le confinement se termine. Je fais gaffe. En tombant de mon socle contrefait, quelques signes d'amélioration sont venus me réconforter. Je reste calme alors que des collègues sautillent encore pour des tuyaux percés. Je ne m'enflamme plus à la moindre *punchline*, aussi acerbe que vaine, d'un élu en manque de reconnaissance. Mieux, je m'aperçois peu à peu que le monde continue de tourner dans le même sens après la publication d'un de mes papiers ; je change de chaîne quand je vois la trombine d'un politique durant mes jours de repos. Il y aura des rechutes, forcément.
La rédemption suscite bien des questionnements. On critique les politiques après chaque élection boudée par les électeurs. S'interroge-t-on, nous autres, sur notre rôle dans le manque d'intérêt des citoyens ? On dit que les politiques ne sont pas à la hauteur quand ils se chiffonnent mais pourquoi dit-on qu'il ne se passe rien et qu'on les taille lorsqu'ils sont sages ou pertinents ? Les journalistes du secteur connaissent-ils les symptômes de leur maladie ? Des questions du genre, j'en ai de quoi remplir un magasin. Je les pose souvent à mes collègues au bureau lorsqu'ils me parlent de leur sujet. Je me radicalise. Je demande

aux jeunes collègues : « Tu écris pour qui ? » Ils buggent à chaque fois. Ils finissent par convoquer les sacro-saints « lecteurs ». Personne n'est dupe. Je joue au plus malin depuis la quiche prise en pleine face que je n'ai pas vue venir. Bordel, il faut que je me soigne vite, que je me sauve de là. Je le garde pour moi. On verra bien ce qui suit.

Sous-sol

Mai 2020. Soixante-trois mois dans la bulle. La rumeur enflait dans le landerneau et sa proche banlieue. Elle devient officielle pendant la quarantaine qui s'éternise. Laurent Joffrin, le directeur de la rédaction, a des envies d'ailleurs, notamment d'aller y voir en politique pour de bon. Les troupes ne comprennent pas bien la démarche et le timing. J'ai toujours aimé discuter avec lui. Il n'a jamais caché sa préférence politique – un social-démocrate pur sucre – mais il a toujours laissé d'autres idées prospérer dans les colonnes du journal. Ce n'était pas la première fois qu'il partait. Tout au long de sa carrière, il a multiplié les allers-retours entre *Libé* et *L'Obs*. Ce coup-ci, le chef est passé de l'autre côté du miroir en mettant au monde un mouvement, Les Engagé·e·s. Reste que chez le rubricard en charge des gauches, le trouble affleure. En un éclair, il est passé de chef à sujet. Les semaines ont filé. Son mouvement tente de se faire entendre au milieu des autres. La secousse sismique n'aura pas lieu – il s'en faut d'un abîme.

Comment faire pour écrire sur sa ganache ? Il fallait bien que ça arrive. Laurent Joffrin a fait le premier pas avec un message qui débute par « Mon cher… ». La veille de la rencontre, le photographe jubile au bout du fil. « Demain on va chez Laurent Joffrin ? Je trouve ça tellement drôle. » Je ne peux pas me pointer avec mon petit cahier et essayer de croire que tout est normal. Dérangeant.

Un mercredi, à l'heure du goûter. Laurent Joffrin ouvre la porte de son appartement dans le VIe arrondissement. Jeans, chemise blanche sous gilet bleu, sourire. En apéritif, le néo-politique promet qu'il a deux livres en chantier. « Les journées sont pleines », assure-t-il avant de proposer un café. Il le prépare dans sa cuisine et interroge avec la demande rituelle des élus : « Alors le journal, tout se passe bien ? » Il ne regarde plus la cafetière et le petit noir déborde de la tasse. Laurent Joffrin répare les dégâts. Revient à table, croise les jambes. À la rédaction, il posait souvent les pieds sur le bureau. Peut-être que chez lui, ce n'est pas le patron. Dans son ancienne vie, il débutait toujours de la même façon avec moi. « Alors, comment ça va la gauche ? »

Aujourd'hui, les rôles sont inversés. C'est moi qui pose les questions. Il vapote et enclenche encore le premier pas. « On fait comment ? » J'abandonne l'idée de sortir un cahier et un stylo devant lui, trop saugrenu. L'enregistreur embraye la première. Il évoque sa nouvelle vie. Il vient de produire un texte avec des idées « concrètes ».

L'ancien taulier souhaite faire profiter la social-démocratie de toute sa matière grise. Il propose le droit de vote à 16 ans, la création d'une autorité indépendante pour le contrôle de missions de police, la garantie d'une dotation en capital à chaque jeune de 18 ans ou l'instauration d'une taxe carbone aux frontières. Toutes oreilles dehors, j'enregistre ses requêtes. Laurent Joffrin étant descendu de son trône et passé de patron de presse à responsable d'une micro-organisation politique, certaines têtes refusent désormais de s'asseoir à sa table. À l'image du premier des socialistes, Olivier Faure. Au temps de *Libé*, il aurait été capable de basculer son agenda par-dessus tête pour lui vendre sa soupe. Aujourd'hui, le premier secrétaire préfère lui envoyer des seconds couteaux. Le concerné prend ça à la légère. Tout glisse sur lui, comme toujours. Cet été, quelques jours après son départ, j'ai interrogé François Hollande, son ami depuis les années Giscard. Il en avait rigolé en jetant un coup d'œil sous la table. « Laurent, tu peux sortir. Je crois que nous sommes démasqués. » L'ancien chef de l'État a vite repris son sérieux : « J'étais au courant de ses intentions mais je ne suis pas derrière ça. Laurent reste souvent en surface, il dit rarement les choses, avec lui il faut les deviner. »

Lorsque je lui demande son avis sur les politiques depuis sa bifurcation « professionnelle », mon ancien patron se désole : « Je ne les découvre pas, je connais la plupart d'entre eux mais je ne savais pas que la tactique prenait autant de place. » La discussion s'achève et le photographe entre en piste. Il cherche l'endroit idoine sous les poutres du salon. Laurent Joffrin patiente et découvre le nouveau site de *Libé*. « C'est pas mal du tout. » Le photographe décide de tracer ailleurs. Il a repéré la cave de l'immeuble. La négociation s'ouvre avec la gardienne pour récupérer les clés – sous le regard de l'intéressé qui se porte garant. La situation l'amuse. « C'est une expérience originale. » On descend dans l'obscurité. Le résident découvre les sous-sols de son immeuble. « Vous voulez me kidnapper ? » Il obéit aux injonctions du photographe. On remonte. La manche droite de son manteau porte les stigmates des murs du sous-sol. On pose un pied sur la terre ferme. Sa femme, éditrice, qui s'apprête à ranger sa bicyclette, nous surprend. Sylvie Delassus ouvre de grands yeux au-dessus de son masque.
« C'est toi, Laurent ? »
Elle insiste :
« Laurent, tu faisais quoi dans la cave ? »
On a tous regardé nos chaussures comme des gamins après une bêtise.
« Tu ne le reconnais pas, c'est Rachid… »

Tout ça, je l'ai raconté dans *Libé*. Depuis ce jour, il m'en veut. Mon ancien patron devenu un sujet ne me cause plus. Il m'a envoyé un message. « Est-ce que je t'ai fait quelque chose de mal durant mon passage à *Libé* ? » Non. Jamais. Nous avons toujours eu de bons rapports. Il fallait juste prévenir les lecteurs que notre directeur de la rédaction avait officiellement traversé la frontière.

QR codes

Juillet 2020. Un lundi soir à Montreuil. Notre bande s'installe dans une sandwicherie sur la rue piétonne de la Croix-de-Chavaux. Les menus s'affichent en grand sur les photos collées au mur. De gros casse-dalle à toutes les viandes. Ne manque que la pancarte pour mettre en garde les végétariens. Le gérant connaît nos frimousses.

Depuis la fin du confinement, je traîne souvent avec les potes du quartier. Je retrouve peu à peu les miens. La commande passée, on cause des restrictions. Autour de la table, cinq de mes *homeboys* présentent fièrement leur passe sanitaire. Deux autres promettent que leur situation sera « réglée » dans les prochaines heures. Ils comptent sur « Texas ». Un gars qui connaît un gars qui boutique des sésames vaccinaux sous forme de QR codes. Sous les ricanements, je tente de capter le manège. Le plus costaud pose son smoothie et fait de grands gestes. Une seule personne a réellement reçu ses deux injections. Ils s'étonnent que je m'étonne.

« Tu fais le journaliste et tu ne sais pas ça ? »
La nuit tombe et la clientèle se fait rare. Le patron s'installe sur une chaise blanche en plastique, jambes allongées et mains derrière la tête. « Dans mon entourage, la très grande majorité de ceux qui ont un passe sanitaire ne sont pas vaccinés. Ils ont des amis dans le milieu médical ou, comme nous, ils ont claqué autour de 300 euros. » C'est comme s'il pleuvait des viatiques anti-Covid bidon. Ils me charrient, moi et mes deux doses de Pfizer dans l'épaule gauche. Minoritaire, je ne vais pas me battre. Ils me bâchent. À leurs yeux, je suis un corrompu. Les enflures. Ils me déboîtent mais je me pavane avec eux. Personne ne remet en cause le coronavirus mais tout le monde a des doutes sur le vaccin. Enfin ici, à cette table. Dans la bulle et à *Libé,* ça se précipite pour se faire vacciner. Tous les autres sont des débiles, des complotistes, voire des tapés de la caisse irresponsables. Comme toujours, je suis coincé entre les deux planètes.
Des semaines plus tard, dans le bureau de Jean-Luc Mélenchon. Le candidat à la présidentielle est critiqué par la bulle. Sa position sur la vaccination se révèle « ambiguë » (encore). On parle de tout et de rien.
« Pourquoi vous n'êtes pas plus clair à propos des vaccins ?
– Je dis partout que j'ai eu mes deux doses. C'est suffisant, non ?

– Non. Vous pourriez dire qu'il faut le faire. »
Le ton monte. Il se redresse sur sa chaise. Regard arctique et voix qui surchauffe.
« Vous prenez les gens pour des imbéciles ? Vous croyez qu'ils vont m'obéir au doigt et à l'œil ? Je dis que je me suis fait vacciner mais ce n'est pas suffisant. Vous voudriez comme tous les autres que je baisse les yeux et la tête pour répéter les phrases qui conviennent ? Ne comptez pas sur moi.
– Non, mais… »
Il coupe :
« Je dis que je suis vacciné, ça suffit. Vous voulez quoi de plus ? Que les autres me cassent la tête, très bien, mais pas vous, monsieur Laïreche, pas vous… »
Il me fait marrer avec son « pas vous ». Entre mes potes du tiékar qui se baladent avec des QR codes frelatés, mes collègues qui traitent de timbrés ceux qui refusent de se faire vacciner et un candidat à la présidence de la République qui assure sans le dire qu'il faut s'y coller, j'ai l'impression d'être un spéléologue claustrophobe dans une cavité sans fond. C'est qui le « pas vous… » ? Le journaliste politique qui cherche la clé pour sortir de la bulle ou le gars qui veut retrouver ses potes du quartier ? Putain de vie à tiroirs.

Éthique

Octobre 2020. Bientôt six piges dans la bulle. Le pays est en larmes. Samuel Paty, professeur d'histoire à Conflans-Sainte-Honorine (Yvelines), a été assassiné par décapitation lors d'une attaque terroriste. Trois jours plus tard, un collègue du journal m'avertit. « Gérald Darmanin a accepté de nous recevoir. Ce serait vraiment bien que tu viennes. » On sera quatre. Je prépare rarement les interviews. On se pointe avec un tas d'interrogations qu'on ne pose jamais. J'en ai toujours une ou deux dans ma besace, et pour le reste j'improvise. Le feeling, tout ça. Cette fois, j'ai dû potasser avec les camarades. Le ministre de l'Intérieur donne rendez-vous un dimanche soir pluvieux dans un salon de la place Beauvau. Il souhaite parler de l'enquête après l'acte terroriste. Aux murs, des photos de celle (Michèle Alliot-Marie) et de ceux (innombrables) qui ont occupé le poste. Toujours bon à savoir avant de parler de l'égalité en France entre hommes et femmes. Gérald Darmanin arrive. Les poignées de main sont proscrites en période de pandémie. D'emblée, il nous bat froid. Le clash va durer plus d'une heure. À la fin de l'entretien, on se partage l'enregistrement. Chacun dérushe une partie ; on rassemblera le tout dans un second temps pour l'envoyer à l'équipe de Gérald Darmanin pour relecture avant publication. Ça se passe presque toujours comme ça dans la bulle.

La copie revient peu avant le bouclage. On regarde pour être certain qu'il n'a pas changé le sens de ses propos. Il a reformulé quelques réponses. Pas grand-chose. Certains mots adoucissent ses réponses. L'entretien perd un peu de son punch et de son authenticité. J'ai déjà connu pire. Des politiques qui réécrivent presque tout. Je ne disais pas grand-chose à mes débuts. Je suis devenu enragé sur la fin. Hors de question de tout remixer. Garçons et filles, ils sont grands, après tout. Embrouilles à répétition. Les socialistes, au hasard, veulent toujours ajouter le mot « responsabilité » à chaque réponse pour tenter de convaincre le lecteur qu'ils ne prennent pas les choses à la légère.

Je me souviens d'une prise de bec avec Alexis Corbière. Le député de Seine-Saint-Denis avait ajouté un tas de trucs à l'écrit que j'ai retirés sans le prévenir. Il est venu me trouver dans la salle des Quatre Colonnes du Palais-Bourbon en pétard. J'ai pensé qu'on allait en venir aux poings. « Comment pouvez-vous me faire ça ? » cria-t-il à plusieurs reprises sous le regard de collègues médusés. Tout est rentré dans l'ordre par la suite. Je me suis toujours bien entendu avec lui, le député de mon coin qui vibre pour Michel Sardou.

Ça surprend toujours. Ceux qui regardent ça de loin ne le savent pas toujours ; ceux qui savent ne comprennent pas pourquoi les journalistes font relire les entretiens avant publication. Les petits élus, et surtout les grands, entendent maîtriser leur parole et surtout leur image. Un politique se pointe presque toujours pour faire passer un message. Un collaborateur, voire deux, sont souvent autour de la table.

Plusieurs sont intervenus durant des entretiens pour préciser un propos. Ils prennent également la parole pour mettre un terme à l'échange, surtout quand leur poulain est en difficulté, ou lorsqu'on emprunte des sentiers qui n'étaient pas prévus aux festivités. Tout est cadré. On échange en amont du rendez-vous avec ledit conseiller pour lister les thèmes, histoire que le politique se prépare. Nous autres posons des questions sur un chemin balisé à l'avance. Ça ne choque personne ou presque. Certains médias en région ont décidé de mettre le holà à cette pratique.

Terminée la relecture. Ils sont bien seuls. Le débat mérite d'être posé dans toutes les rédactions.

Les responsables publics peuvent relire leurs entretiens, au contraire des citoyens lambda. Ceux qui n'entendent rien aux usages ne maîtrisent pas les arcanes de la communication, ne croient plus aux journalistes, n'ont pas voix au chapitre. Le monde à l'envers. On devrait leur donner accès à leurs paroles, les autoriser à relire leurs propos. Cela permettrait de regagner leur confiance. Un matin, Florence Aubenas, reporter au *Monde*, expliquait à la radio sa méthode. Elle prend le temps de dire aux personnes qu'elle interroge sa manière de travailler. Elle fait relire les citations avant publication et leur explique au téléphone : « Voilà ce que je vous fais dire. » Une éthique qui m'a fait replonger dans un reportage récent.

En janvier 2023, je me rends pour *Libé* dans un accueil de jour à Paris, où des familles, qui dorment dehors avec leurs marmots, racontent la honte, les galères et la vie impossible. Je visite les lieux avec les responsables. Du monde partout. De la fatigue dans les yeux. Des enfants jouent dans les coins. Une femme noire s'approche lentement. Statique, elle se tient face à moi. Me fixe. Son regard rapporte son épuisement, sa détresse, l'état de ses nerfs et sa colère. Elle entend mon questionnement sans paroles. « Non, ça ne va pas du tout », dit-elle à voix basse. La trentenaire souhaite me parler. Je la suis dans une petite salle colorée. Mariame s'installe avec son mari, Aboubakar, et leur fille, Bintou, née la semaine précédente. Un moment de calme. Ils cherchent une porte d'entrée pour raconter leur histoire. La famille a quitté la

Côte d'Ivoire pour la France en 2022. Ils ont traversé le Mali, la Mauritanie, l'Algérie et l'Espagne pour atteindre Paris. Un périple sans fin. Mariame est sortie de la maternité avec sa fille dans les bras. Elle craque. Ils viennent de passer deux nuits de suite dans la rue, près de la gare du Nord, et n'ont pas trouvé de place dans un accueil d'urgence. « Il fait très froid la nuit, mon bébé est tombé malade à cause de ça », explique la jeune mère. Une remarque lancinante revient sans cesse me hanter. « Ce n'est pas normal. »
La honte se mêle à l'horreur du quotidien. Le couple ment au téléphone lorsqu'il donne des nouvelles au pays. Aboubakar, comme son épouse, n'a pas de papiers. Lui ne trouve pas de travail. Ils errent dans un labyrinthe sans issue. Il explique en berçant Bintou dans ses bras pour tenter de l'endormir : « On ne peut pas dire à notre famille que nous n'avons pas d'argent dans nos poches et que tous les matins on se réveille sans savoir où nous allons dormir la nuit. Ils ne comprendraient pas. » Mariame attend une solution, un miracle qui tarde à venir.
Le reportage a fait la première page du journal. Des parcours de vie rudes et tristes. Comme cette trentenaire qui attend un enfant. Elle a quitté la Côte d'Ivoire après de nombreuses « violences familiales ». Il lui arrive de dormir contre les grilles d'une bouche de métro. « C'est dangereux parce que je suis seule, mais quand je n'arrive pas à trouver une place

avec [l'association] Utopia, je n'ai pas le choix. J'ai récupéré une grosse couverture bleue au Secours populaire, qui réchauffe bien. Je la mets au-dessus de ma tête et je dors », explique-t-elle en mimant la scène. Je suis allé voir le ministre du Logement, Olivier Klein, la veille de ma visite à l'accueil de jour. Il était derrière son bureau entouré de deux conseillers. Il a allongé les chiffres pour prouver que le gouvernement était à la hauteur. Il a également accusé les associations de jouer avec la misère des gens en manipulant les familles à la rue. Sa réponse a été publiée à côté du long papier. Contrairement aux familles interrogées, lui a eu le droit de relire. La faute à qui ? Au système, sans aucun doute, mais je ne peux pas me cacher indéfiniment derrière.

On remercierait presque les politiques de nous accorder un entretien. Bataille pour décrocher les plus en vue mais aussi les mutiques, les taciturnes qui font recette. Une flopée de messages et de mails enjôleurs à destination des communicants qui promettent une place enviable dans le journal. Parfois ça mord. En 2016, à Paris, rencontre avec Christiane Taubira, qui n'est plus garde des Sceaux depuis quelque temps. Elle accepte de nous recevoir après des semaines de silence. Quatre journalistes hommes lui font face pour une de ses premières prises de parole depuis son départ de la Chancellerie. L'un d'entre nous se hasarde en terre inconnue.

« La droite a réussi à installer dans l'opinion publique l'image fallacieuse d'une Taubira ministre de la Justice laxiste, qui vide les prisons, alors que votre bilan atteste du contraire. Est-ce que vous n'avez pas une part de responsabilité dans cette image erronée ? »
Elle se tait. Nous tance du regard, puis fait tomber la foudre.
« Oui, c'est ça ; la femme violée, c'est à cause de sa minijupe. C'est ce que vous voulez me faire dire ? Les médias ont souvent laissé la droite me caricaturer. En trois ans et demi, je n'ai pas entendu un seul journaliste demander à ces élus de droite d'étayer leurs accusations. Moi, j'ai conduit ma politique en dignité, j'ai choisi de ne pas aller me disputer tous les matins, car j'ai estimé que la parole de la garde des Sceaux devait être au service de ses missions et de ses actions. J'ai eu droit à tout, y compris à des attaques racistes. »
Un collègue tente de calmer le jeu, affirmant que ce n'était pas vraiment ce que nous voulions dire. Je lui mets des coups de pied sous la table. Rien de mieux que ces moments incontrôlables. Christiane Taubira ne l'écoute même pas. Elle ferme le dossier qu'elle a sous les yeux. Elle est à deux doigts de partir, avant de se raviser.
« Les hommes politiques de droite savent faire du marketing. La presse du même bord également. La

désinformation méthodique du *Figaro*, par exemple, en était caricaturale. C'était tellement gros, à la fin, que cela me faisait rire. C'était devenu pathologique, il fallait taper sur Taubira. Moi, je n'ai pas les compétences pour guérir les gens du *Figaro*. Vous osez me dire que je suis responsable si des gens répètent inlassablement que Taubira vide les prisons alors qu'elles sont archipleines. On m'a même accusée de connivence avec des terroristes. La violence, c'est moi qui la ressens. Elle est infinie, cette violence-là. Aujourd'hui, c'est moi qui dois en répondre, m'en expliquer. Ce n'est pas Sarkozy, ce ne sont pas Ciotti, Copé ou Estrosi, ce ne sont pas tous ces gens violents qui disent ou laissent entendre que ceux qui ont une tête comme la mienne n'ont pas leur place dans notre pays. »

À la fin de l'entretien, on se lève de concert. Quatre hommes, quatre têtes baissées, on marche en rang d'oignons comme des marmots après une réprimande salée. On lui a envoyé l'entretien à relire avant publication sans moufter.

Nouveau western

Mars 2021. La mer est calme ; je traîne au Palais-Bourbon. Je tape la discussion avec des collègues, des assistants et des députés qui décrivent le pays à travers leur circonscription. Chacun voit son patelin comme le centre du monde. Les politiques rapportent toujours des anecdotes locales pour se donner plus de crédit. J'y croyais au début. Plus maintenant. Un jeune confrère d'une chaîne de télé privée, avec qui j'échange de temps à autre des amabilités, raconte moult anecdotes pour prouver qu'il en a dans le bide. Il tire sur sa clope comme dans un western spaghetti. Je ne dis rien. Ça ne me dérange jamais d'écouter les histoires des autres. Le fougueux relate le déjeuner du jour avec son groupe. Ils ont invité un jeune député de La France insoumise dans une brasserie. « C'était nul. Il n'avait rien à dire. Je ne sais pas comment il a fait pour être élu dans sa circonscription. Il n'ira pas bien loin », promet-il. Ça fume dans ma tête. En temps normal, ça passe, pas ce jour-là. Je réplique sèchement :

« Il a fait campagne, des gens ont voté pour lui et il a été élu. Toi, tu as fait quoi dans ta vie ? Tu pourrais te présenter, convaincre les gens et avoir des choses à dire durant un déjeuner avec des journalistes qui cherchent la petite phrase ? Tu ferais mieux à sa place ? Tu sors à peine de l'école et tu crois savoir qui va réussir et qui va échouer ? Doucement, mon gars, doucement… »
Discours de vieux routard, un poil *borderline.* Des questions crues en rafales. L'impétueux me regarde de travers, surpris. Il écrase sa clope en s'excusant. Je m'en suis voulu en le regardant partir. Ça m'agace. Le journaliste politique, même celui qui débute, enterre des politiques pour de faux et déterre des politiques morts sans jamais douter ni se regarder en face. Le passé ne sert jamais de leçon. Même le plus récent. En 2016, le prochain président de la République devait être le maire de Bordeaux, Alain Juppé. J'y ai cru. Avant que François Fillon ne prenne sa place dans la ronde. Comme beaucoup, j'en étais convaincu. J'en parlais aisément dans les dîners en ville. Cette assurance nous rend condescendants. Un midi, à la même époque, je me suis retrouvé avec le marcheur Benjamin Griveaux (peu connu pour son humilité). Il détaillait le plan de son champion, Emmanuel Macron, pour arriver au pouvoir. J'écoutais à peine. Tout ça me paraissait martien. J'ai fini par le lui dire au moment du dessert.

« Depuis tout à l'heure j'écoute attentivement vos propos. Franchement, j'ai le sentiment que vous vivez sur une planète lointaine. Vous pensez réellement qu'Emmanuel Macron a une chance de devenir président de la République ? »

Temps mort

Samedi 16 octobre 2021. Une demi-douzaine d'années et quelques mois dans la bulle. La France insoumise invite députés, militants, curieux et journalistes à Reims. Dans un Parc des expositions bondé, un gigantesque écran diffuse des vidéos et de la musique comme pour un show de la télé américaine. Le nouveau slogan de campagne, « L'Union populaire », s'affiche partout. Les militants et dirigeants débattent du programme à défendre. La kermesse s'achève le lendemain avec une harangue de Jean-Luc Mélenchon pour lancer sa candidature à la fonction suprême. Nous autres, scribouillards, rôdons dans la salle de presse et les couloirs. Des rapias à la recherche du moindre os à becqueter, du moindre ragot pour irriguer nos cerveaux malades. On s'en carre, au fond, du programme et du reste. Des règlements de compte, des anecdotes futiles, des méchants hauts en couleur, des portes qui claquent dans le fracas et des batailles d'ego, voilà ce qui aiguise les westerns de coursives dont on raffole.

Brouhaha dans la salle de presse. On apprend que Juliette Prados, la responsable de la communication insoumise, a récemment soufflé ses cinquante bougies. Notre infra-monde se concerte. Une enveloppe circule. Une collègue se porte volontaire pour acheter des bouteilles de champagne. Elle grimpe dans sa voiture en catimini. La cité des sacres est réputée pour ses bulles. Juliette est heureuse. Les bouchons pètent. Le demi-siècle se fête. Ça trinque à sa santé. Des députés se joignent à la sauterie. Un joli moment de communion. Le contre-pouvoir est en pause. Les verres se vident, la parenthèse se referme. Tout le monde retrouve ses marques. Les députés redeviennent des élus, les communicants n'oublient pas de communiquer et les gratte-papier se muent de nouveau en rôdeurs. La pièce de théâtre reprend ses droits.
En fin de journée, on se retrouve dans un restaurant du centre-ville. Peinard en milieu de table, j'écoute les anecdotes et les confidences du jour comme un populaire dans la place depuis longtemps. La bulle cause de la bulle, comme toujours, comme à chaque fois, comme le faisaient déjà les anciens. J'écoute. Je suis déjà ailleurs. Je me souviens de mes débuts, à Poitiers, au commencement de l'histoire, je voulais tellement en être. Désormais, je ne prends plus de plaisir dans ce monde parallèle qui me coupe des autres, du réel. Je continue à porter un masque, à faire semblant. Je ne vais pas tarder à parler à ma direction. Je commence sérieusement à étouffer.

Qui est l'exemple ?

Printemps 2021. Karim Bouamrane ouvre la porte de son bureau. Le nouveau maire de Saint-Ouen (Seine-Saint-Denis) se pose sur un canapé. Des photos de lui garnissent les murs de son bureau. À l'évidence, il s'aime bien. On le voit avec des stars du pays et des héros du coin. Les scribouillards agissent parfois comme des recruteurs de foot. François Hollande m'a confié un jour : « Les politiques n'oublient jamais le premier journaliste qui a écrit sur eux. » Tu repères un débutant avec du potentiel et tu le suis à la trace en espérant qu'il ne t'oublie pas en cas de succès. Vous nous verriez les lendemains des élections législatives à l'Assemblée nationale. On attend les petits nouveaux, on rôde tels des loups, on les scrute puis on attaque notre proie en grattant le numéro de téléphone. Premier arrivé, premier servi. Tous ceux qui étaient en charge de la macronie ont balisé en 2017. Ils ont vu arriver le (prétendu) « nouveau monde ». Des jeunes déguisés en banquiers. Les pisse-copie étaient en sueur. Ils ont perdu tous leurs contacts, leurs repères. J'étais tranquille de mon côté. Je suis toujours resté du côté de l'ancien monde. D'ailleurs, la première fois que j'ai croisé Karim Bouamrane, il était dans le bureau de Jean-Christophe Cambadélis. J'ai tout de suite mis une cible sur sa face. Ce n'était pas un débutant mais il n'intéressait pas (encore) la sphère médiatique. Je le voyais traîner rue de Solférino, bien habillé, plein de flegme. On se parlait peu mais on se comprenait. Complices sans le savoir. Les liens se sont renforcés petit à petit, notamment lorsqu'il est devenu porte-parole du Parti socialiste. Le chef d'entreprise, spécialisé dans la cybersécurité, est un Audonien de toujours. Nous avons des connaissances communes qui n'ont aucun lien avec nos activités respectives. Ça rapproche. Nos parcours se ressemblent quelque peu. Fils d'ouvriers immigrés, nous avons grandi dans le même département. On se balade entre deux mondes qui coexistent sans entrer en collision. Je ne vague pas dans les parages dans un but précis. Il raconte ses premiers mois à la tête de la cité du Nord-Ouest parisien, ses ambitions. « Je vise l'excellence pour les enfants de ma ville », répète-t-il à l'envi. Je le vanne. Il se prend pour le Barack Obama du 93. Le photogénique met en scène ses décisions sur les réseaux sociaux. Il n'est pas là pour rigoler.

Karim Bouamrane revient sur sa victoire à l'élection municipale. Entre les deux tours, les communistes lui ont proposé de céder le poste de premier adjoint et que tous les emplois des municipaux fassent l'objet d'une double signature du premier magistrat de la ville et de son plus proche subordonné. Une humiliation, selon lui.

« Ça m'a fait vraiment mal parce que je ne pensais pas qu'ils oseraient proposer ce genre de trucs. La double signature, c'est être sous curatelle. Moralité, à leurs yeux, nous devons toujours rester dans notre couloir. » Il met un terme aux négociations et rafle la mairie tout seul, comme un grand. Le bourgmestre de Saint-Ouen ne revient pas par hasard sur cet épisode.

« Rachid, écoute-moi bien. Nous devons être à la hauteur parce que nous n'avons pas droit à l'erreur. Aujourd'hui je suis à la tête d'une grande ville aux portes de Paris en restant moi-même. Toi, tu es journaliste politique à *Libération*, ce n'est pas rien. Je les entends causer de toi au Parti socialiste. Ils ne te voient pas comme un mec de banlieue mais comme un reporter important parce que tu ne joues pas les victimes. Tu ne te rabaisses jamais. Certains rêveraient de prendre un café avec toi pour apparaître dans tes papiers. Nous sommes des exemples et on doit assumer.

– C'est quoi un exemple ?

– C'est continuer à bosser et viser l'excellence. On ne doit rien attendre des gens, rien. Tu penses que les communistes auraient proposé la double signature à un autre gars du Parti socialiste ? Jamais. Ils pensaient que j'aurais pu accepter un truc pareil, franchement ? On ne doit plus jamais baisser la tête, il faut avancer en travaillant. Nous devons viser l'excellence pour nous mais aussi pour les autres, pour tous les enfants de nos quartiers, peu importe l'origine. Je dois faire en sorte que tous les gamins d'ici s'en sortent, qu'ils n'aient pas peur de tenter des choses qui semblent impossibles. Tu ne te rends pas compte de la symbolique. »

Il me raccompagne sur les marches de la mairie. Il se tient droit, me regarde partir en me faisant des signes de la main. Je repense à cette discussion en marchant en direction du métro. Il a raison. Combien d'enfants d'immigrés journalistes dans les rédactions, petites ou grandes ? Combien d'enfants d'ouvriers ? On se repère de loin. Un truc me gêne tout de même. J'en cherche la cause. J'aime trop mon parcours et la vie de mes parents. Plutôt mourir que de m'apitoyer sur mon sort. J'ai toujours été mal à l'aise avec les discours des transfuges de classes. Karim Bouamrane ne parlait pas comme un pleurnicheur. Il est offensif. C'est autre chose qui me rend chafouin. Suis-je réellement un exemple ? Je n'ai pas fait de grande école, j'ai atterri à *Libé* par hasard, en passant par le standard avant de devenir journaliste. Aujourd'hui je rôde en compagnie de politiques. Je me vois comme un imposteur, comme si j'endossais la place d'un autre. Je suis à l'aise, je parle beaucoup, je me la raconte et je fais le fier afin de planquer mon complexe d'infériorité. C'est ça être un exemple ?

Cyclone

Lundi 13 septembre 2021. Plus de six ans et demi dans la bulle. Le soleil bien planqué derrière les nuages et le baromètre qui hoquette sifflent la fin des vacances. Je sors du métro Balard pour rejoindre *Libé*. Je fais mon retour après une paire de semaines de congé. J'arrive devant une tour grisâtre à côté du ministère des Armées. On partage les lieux avec d'autres crémeries médiatiques, dont BFMTV. Je n'ai pas encore posé le pied à l'intérieur que le réel me percute de plein fouet. Jean-Luc Mélenchon sort de l'édifice. Il était en plateau. Chaque génération de journalistes politiques a un personnage de roman préféré. Le mien s'appelle Jean-Luc Mélenchon. Je connais presque tout de son emploi du temps. Ses meetings, ses réunions, ses silences, ses passages à la télé, ses plages de repos. Une fixation freudienne. Des jours entiers sans y songer et je retombe sur lui par hasard. Ma légèreté du moment s'empale sur un mur.

« Toi, tu dégages. Je ne t'adresse plus la parole.

– Moi ? Qu'est-ce que j'ai fait encore ?

– Tu ne fais pas ton travail. Je me fais insulter et poursuivre par un fasciste et au lieu d'enquêter sur lui, tu préfères parler de moi. Tu dégages de mon chemin. Je ne lirai plus ton torchon sans lecteurs. »
La tête de gondole des insoumis file droit vers son taxi. Son attaché parlementaire est à la ramasse derrière lui. Ça tournoie dans ma tête. Je comprends enfin. Une vidéo publiée par *Valeurs actuelles* au cœur de l'été a fait jaser. On le voit sur le parvis de l'Hôtel de Ville de Paris. Un homme derrière un téléphone qui filme lui demande une photo. Le briscard se tient toujours à bonne distance des selfies et des goujats qui vont avec. Il refuse, s'agace. « Je vous dois quelque chose ? Je ne veux pas. Je ne veux pas, connard ! » L'homme planqué derrière son smartphone se demande pourquoi tant d'acrimonie. Jean-Luc Mélenchon conclut l'échange, lapidaire : « Ce n'est pas la peine de m'emmerder. »
Le fâché ne décolère pas sous le regard des vigiles. J'hésite. La bagarre ou la rigolade ? Je souris, limite fayot.
« Monsieur Mélenchon, je n'ai rien fait de mal…
– Dégage, je t'ai dit.
– Je vous aime, monsieur Mélenchon.
– En plus, il se fout de ma gueule, le con. Plus jamais on ne se reparle. »
Il finit par s'en aller. Des collègues présents demeurent incrédules.

« Pourquoi ? Ça arrive souvent ? Tu ne dis rien ? » Deux jours plus tard, on se retrouve dans son bureau à quelques hectomètres de la gare de l'Est pour un entretien. On parle de tout et de rien ; on fait comme si l'algarade n'avait jamais existé. Je ne sais pas trop comment qualifier mes relations avec Jean-Luc Mélenchon depuis nos retrouvailles. Il ne fait pas semblant d'être gentil ou méchant. Pas le genre à dispenser des sourires pour de faux – c'est fréquent dans cette comédie sociale. Ça se passe bien ou mal. Une fois, dans une soirée, j'ai eu droit aux deux faces de Mélenchon pour le même prix. J'observe l'ambiance en coulisses à l'occasion d'un débat télévisé pendant la crise des Gilets jaunes. Il me voit, s'arrête et tance : « Qu'est-ce qu'il fait ici, celui-là ! » À la fin des palabres, je m'apprête à partir quand il me rattrape par le col avec un grand sourire : « Laïreche, il ne faut pas t'en aller, reste boire un verre avec nous. » Je refuse. Il insiste. Je cède. Depuis la reprise du dialogue, j'ai eu l'occasion de me poser avec lui. Toujours la même salade. Je bloque une heure et la discussion sinue pendant trois tours d'horloge. Jean-Luc Mélenchon esquive, louvoie, emprunte des chemins de traverse. On parle un peu de la gauche. Il évoque les premières années de sa vie à Tanger, au Maroc, ou son arrivée en France, le cœur serré. Le fils de Georges, receveur des Postes, et de Jeanine, institutrice, n'oublie pas Besançon et Lons-le-Saunier dans le Jura. À huis clos, il se révèle souvent passionnant. Un soir, dans son bureau, il faisait le fier en montrant sa nouvelle carte de la Méditerranée. Il venait de l'accrocher au mur. J'ai eu droit à un cours sur les pays du pourtour de *Mare nostrum*. Un matin, pendant le confinement, on a eu un long échange en visioconférence ; lui, dans son salon et moi, dans ma chambre. Jean-Luc Mélenchon a vite bifurqué de notre discussion originelle – la crise sanitaire – pour me parler de l'un de ses rêves, se rendre en Algérie, en bateau, sur les traces de ses grands-parents. Il peut être touchant.

Lors d'une rencontre dans un rade à Paris, en été, je souhaitais le voir à propos du livre que je m'apprêtais à écrire sur François Ruffin. Le tribun enquillait les thés glacés. Soudain, le niveau de son *flow* a baissé d'une octave. Une rareté. Je m'approche pour écouter.

« François est attaché à la vie de manière raisonnable. Moi, j'ai cramé la mienne. » Je me redresse, j'attends. Avec le temps, j'ai appris à composer avec les silences, à laisser mes interlocuteurs s'épancher sans les brusquer.

« François regarde le pouvoir de loin parce qu'il pense à ses gosses. C'est vraiment un bon papa, et quand il me parle d'eux, je suis ému aux larmes. Je viens d'une autre époque où les choses étaient différentes. J'ai eu de la chance parce que j'ai épousé une femme qui m'a supporté pendant plus de vingt ans, qui prenait pratiquement tout en charge, à commencer par l'éducation de notre fille. Elle vivait une relation avec un personnage absent en permanence. Quand je prenais trop de coups en politique, je revenais à la maison, c'était ma caverne pour reprendre des forces et de l'énergie afin de repartir au combat. Après, ça n'a pas tenu et il y a eu séparation. » Je reste sur ma chaise sans un mot. Le bateleur qui se nourrit du conflit semble ému. Je ne demande rien de plus, je ne veux pas de détails.

Au fil des mois, le lien se rétablit avec Jean-Luc Mélenchon. Il boude, rit, boude, puis revient, toujours. Parfois, lorsque j'ai une question précise pour un papier, je lui écris et il répond. Quand une chose lui déplaît en revanche dans un article (de moi ou pas), il me parle mal et je rigole. Une mécanique intégrée des deux côtés du terrain. On se pointe face à Jean-Luc Mélenchon avec un fatras de questions. En vrai, une seule suffit. Ça part vite dans tous les sens. Dans un café proche du Palais-Bourbon, il m'a un jour interrogé.

« Est-ce qu'on devient les livres qu'on lit ? »

J'ai répondu par l'affirmative. Lui aussi. Un soir, dans son bureau, on a parlé d'amour et d'amitié. Jean-Luc Mélenchon a perdu un ami précieux, François Delapierre, mort à 44 ans. Il se souvient de la fois où ce dernier est venu lui annoncer sa tumeur. « Je ne voulais pas y croire », confesse-t-il la voix chevrotante. François Delapierre a été le compagnon de Charlotte Girard. Ils ont eu deux enfants ensemble. Aujourd'hui, les liens sont coupés entre Jean-Luc Mélenchon et Charlotte Girard.

Désaccords politiques et personnels. L'insoumis sort un mouchoir de sa poche. Il essuie ses yeux qui chassent le vide. Toujours étrange de le voir craquer. Beaucoup de personnes demandent : « Il est comment, Mélenchon ? » Ils ne me croient pas lorsque je réponds que c'est un émotif.

« Il dirait quoi, François ? Tu imagines que demain il réapparaisse et demande si je prends soin de son épouse et de ses enfants ? Qu'est-ce que je pourrais lui répondre ? Qu'on ne se parle plus ? »

Je ne dis rien, ne fais pas le malin. Jean-Luc Mélenchon s'essuie encore les yeux. Il se lève, colle son dos contre la porte, souffle fort. Retourne à sa place. On s'évade en Algérie et à Tanger, au Maroc, où il est né. Avec lui, la vie est un éternel recommencement. Quand est-ce que ça s'arrête ?

Hors-piste

28 septembre 2021. Le soleil brille sur le bord du canal de l'Ourcq, à Pantin. Yannick Jadot sort la tête d'une péniche, où il a réuni ses soutiens. Il lève le poing en l'air, expose son plus beau sourire. Des cris de joie, un peu, du soulagement, beaucoup. La partie fut serrée. Il empoche la primaire sur le fil. Il est officiellement candidat à la présidentielle et devient illico un pôle d'attraction pour la bulle. Soudain, un silence. Une foule arrive de loin avec Sandrine Rousseau en tête de cortège. Des sympathisants, des amis et des caméras partout. Son staff met en place un cordon de sécurité. La perdante marque une courte pause devant Yannick Jadot. Elle le calcule à peine, le mépris au coin des lèvres. En regardant la scène, on se demande qui est le perdant. Elle va prendre la parole, un peu plus loin. Ça se bouscule ; pogo écolo.

Toute droite, Sandrine Rousseau ne bronche pas. Elle attend le calme. Les gratte-papier patientent, nerveusement. Personne ne sait ce que va dire la perdante.

Elle est capable de tout. Se ranger derrière Yannick Jadot ou claquer la lourde. Une grande majorité des chroniqueurs de la vie publique rêvent de la deuxième option. Ça agiterait la pétaudière. Argh, comme on aime ça.

Flash-back. 11 juin 2016. Sandrine Rousseau fait les comptes dans un gymnase décrépit de Pantin, près de l'église. Verte parmi les autres, elle s'est posée discrète sur une chaise. Elle le savait en arrivant et les chiffres rendent le verdict officiel. David Cormand, son adversaire, devient le nouveau secrétaire national des écologistes. Une négociation s'ouvre en petit comité. De la tambouille politicarde. Elle rafle une fonction interne, devient responsable des relations extérieures. Personne ne la connaît vraiment en dehors de la mouvance écologiste. Je la croise fréquemment, toujours disponible avec la presse, jamais désagréable. Sandrine Rousseau ne fait pas partie des figures nationales de la lignée verte, au contraire de Cécile Duflot, Emmanuelle Cosse ou Yannick Jadot.

Ce jour-là, elle a droit à une *standing ovation.* Trois semaines avant sa défaite au congrès, avec trois autres élues, Sandrine Rousseau a accusé Denis Baupin, député écologiste de Paris, de harcèlement et d'agressions sexuelles. La vice-présidente de l'université de Lille se fait de plus en plus discrète et quitte les instances du parti. Peu après, elle crée Parler, une

association encourageant les victimes de violences sexuelles à porter plainte. Elle publie un livre du même nom. Nouvelle vie. Sandrine Rousseau n'apparaît plus sur nos radars. Personne ne cherche à la joindre. Tout le monde la conjugue au passé.
À cette époque, je n'aurais jamais imaginé la suite. Elle annonce son retour dans le *game* en octobre 2020. Candidate à la primaire des écologistes, elle s'imagine facile candidate à la présidentielle. On ouvre des yeux ronds. « Il fallait que je prenne du temps pour aller mieux et retrouver du sens. Je savais dès le départ que c'était important de montrer que tout ne s'arrête pas parce qu'on a parlé. À un moment, ça m'a vraiment prise. Je ne pouvais pas prétendre aider les femmes et ne pas revenir », allègue-t-elle au téléphone. Un retour avec « plus de force et de convictions », rabâche-t-elle à ceux qui doutent. Elle a tout changé en quelques années. Sa façon de marcher, de parler, de s'habiller, de se tenir. Un cheminement qui intéresse la bulle. On se rapproche.
La soucoupe volante décolle. Sandrine Rousseau tranche dans le vif. Elle se fait de nouveaux amis à chacune de ses sorties, file de l'urticaire à la droite et à son extrême. Des jeunes rejoignent sa campagne. Des filles lui font des signes de la main pour la remercier. Il suffit de s'installer un instant avec elle pour comprendre. Pas de fioritures, un langage clair et des polémiques à tire-larigot. La bulle médiatique n'en

rate jamais une miette. La voilà à la une des journaux et dans toutes les matinales. En quelques semaines, elle devient un passage obligé des empoignades familiales des repas dominicaux. Elle ramasse des avoinées de partout, y compris de son propre camp. On ne se marre plus en la voyant. On ne la lâche plus. La *hype* génère du clic et fait même vendre du papier. Au bord du canal de l'Ourcq, un collègue me regarde avec un air de chien battu. « Putain, on va se faire chier avec Yannick Jadot. » Tous les collègues sont instantanément déprimés. Sandrine Rousseau candidate, ça aurait engendré de la chicane, de la baston en barquettes pour le plus grand bonheur des plumitifs. Pas question de l'oublier, cette fois. La bulle s'accroche à elle. Tous les journalistes politiques l'appellent. On veut la petite phrase, le hors-piste, la repartie à la polémique de la veille ou le passing-shot du matin.

Depuis, Sandrine Rousseau a été élue députée à Paris. Un jour, au café, je suis revenu avec elle sur ces derniers mois. Comme d'habitude, elle taillade. « Je savais que la campagne serait nulle avec Yannick Jadot. Il a peur de tout. Maintenant, nous devons arrêter avec nos histoires de parti, tu comprends. Il faut dépasser tout ça pour prendre le pouvoir et ne pas avoir peur de nos adversaires. Je ne baisserai jamais les yeux devant les masculinistes et les racistes. L'heure est à l'écologie, à l'écoféminisme. »

Elle poursuit sa croisade pour le plus grand bonheur des chroniqueurs. La bulle ne la calculait pas lorsqu'elle ne clivait pas, elle la regardait à peine. Aujourd'hui, c'est tout l'inverse. On ne la lâchera pas jusqu'au jour où une nouvelle personnalité la remplacera. Positionnement de la niche : scinder l'opinion, transgresser quelques règles établies, dire ce qu'on pense, subir des attaques, ne jamais reculer.

Acte V
La honte

Timbrés

Je sors rarement en compagnie de mes camarades de la bulle. Ça chopine, ça danse, ça refait le monde à partir de bouts de ficelle. Peu de goût pour revoir à la tombée de la nuit les têtes que je croise le jour. Je cède parfois. Dans une cuisine spacieuse, à l'automne 2021, je tombe sur un collègue qui turbine pour la concurrence. S'ouvre alors une discussion un brin spatiale. Il couvre le Rassemblement national. Pas le genre à se faire pote avec les têtes de la droite extrême. On spécule gaiement sur les échéances à venir ; on ne se départit jamais du jeu des pronostics dans ce gratin.
« Ce serait fou que Marine Le Pen devienne présidente de la République mais intéressant à couvrir. Je me demande comment se déroulerait la passation de pouvoir, les manifestations dans la rue et quelle tête aurait son premier gouvernement ? Peut-être qu'il y aurait des gens de droite », trébuche-t-il soudain.
Je ne dis plus un mot. Je sirote mon Perrier en affectant de ne pas être surpris mais c'est le feu dans mon crâne. Il le sent.

« Attention, je ne dis pas que j'aimerais qu'elle soit à la tête de l'État », tente-t-il de rassurer, inquiet.
Je lui fais un clin d'œil. Je voyais très bien où il voulait en venir. Le chaos, oui, on souscrit s'il peut nous octroyer une place, plus ou moins grande, au soleil. Le monde tourne toujours autour de notre nombril. Une arrivée de l'extrême droite au pouvoir ? La bulle réfléchit aux conséquences que ça aurait pour elle. Comment couvrirait-elle les événements ? Comment réagiraient les autres politiques ? Y aura-t-il des manifestations pour s'opposer à son arrivée ?
La présidentielle nous rend timbrés. Pour *Libé*, j'ai couvert deux élections suprêmes. La Coupe du monde des scribouillards. On veut participer à la fiesta. Chacun roule en quelque sorte pour son candidat en espérant qu'il y joue les premiers rôles. On veut arriver au minimum en finale. On rêve d'écrire le papier ultime entre les deux tours sur la préparation du débat, ça voudra dire qu'il est encore en course. Selon le scribouillard de base, le lecteur serait impatient de déguster quelques lignes bien senties sur son champion. Savoir que le candidat a préparé le débat tranquillement, qu'il a passé une nuit sans cauchemars, qu'il a fait le boulot le matin avec son équipe pour le duel du soir, qu'il a déjeuné léger en famille et qu'il se concentre seul cet après-midi. Forcément sublime.
Je n'ai pas eu cette chance. Deux présidentielles, deux éliminations au premier tour. Jean-Luc Mélenchon

a fini la course en flèche à chaque fois. J'étais dans le match (*sic*) jusqu'au bout. Question rituelle au bureau. « Alors Rachid, tu penses que tu vas jouer le second tour ? »
Je croisais les doigts. Je la voulais, cette finale, les yeux rivés sur les sondages. Il s'appelle Rolling et c'est le meilleur pote du journaliste politique durant les présidentielles. Sur le site de l'IFOP, on lit :
« Un sondage Rolling est une enquête barométrique en continu réalisée sur le principe d'un cumul "glissant" de vagues d'enquêtes quotidiennes. L'échantillon global, c'est-à-dire celui qui exprime son intention de vote, est renouvelé partiellement chaque jour en intégrant les données recueillies le jour même et en excluant les données les plus anciennes. »
Ouf. Soit un sondage tous les soirs. Des courbes en veux-tu en voilà pour chaque candidat, ceux qui montent et, partant, ceux qui dégringolent. En fin de journée, autre question pavlovienne. « On n'a toujours pas reçu le Rolling du jour ? » Il tourne dans toutes les boucles WhatsApp de journalistes. Les équipes des candidats n'oublient jamais de nous le transférer quand leur champion prend un demi-point depuis la veille. Les chroniqueurs chroniquent, les analystes analysent. Ils s'interrogent à haute voix à coups de phrases savamment élaborées. « Il monte alors que son tweet d'hier a créé la polémique… » C'est le

Rolling qui te fait écrire des trucs comme « X est à la recherche de son second souffle » ou « Y semble connaître une nouvelle dynamique ». On publie des papiers insensés qu'on peine à relire quelques jours plus tard. Le candidat peut se démener, mettre en avant son programme, ou je ne sais quoi, on s'en cogne. La seule option qui vaille, c'est le demi-point perdu ou gagné dans l'ultime Rolling.

Parfois, je me projetais avec les collègues en imaginant un débat entre Jean-Luc Mélenchon et Emmanuel Macron. « Rachid, imaginons que Mélenchon devienne président de la République, tu vas couvrir l'Élysée ? » Je singeais alors le journaleux hésitant. Quel mytho ! Évidemment que je fonce. Suivre le président de la République, c'est l'Himalaya de la bulle. Son *summum*. Tout ça n'est jamais advenu qu'en rêve. Passons. Retour dans la cuisine.

« Rachid, tout le monde nous dit que la présidentielle, c'est hyper-physique et qu'on doit économiser notre énergie. Toi qui as un peu d'expérience, tu aurais des conseils à nous donner ? » demande une jeune collègue.

Un blanc. Je suis donc devenu un grand frère, un référent populaire. Je suis arrivé en politique par effraction, et maintenant on sollicite mes conseils. Quelle escroquerie ! Je prends un air sérieux, détaché et revenu de tout, donc. « Les gens racontent des bêtises, ils fantasment la présidentielle. Tu verras,

tu vas te demander tout au long de la campagne à quel moment la bataille va réellement commencer et tu t'apercevras que c'est déjà la fin. » À croire que je deviens visionnaire avec le temps. Le scribouillard qui trouverait « intéressant » de suivre Marine Le Pen à l'Élysée réapparaît. Petit sourire gêné. Je prends à témoin un autre scribouillard qui passe par là, juste pour voir. Je ne vais pas être déçu.
« Ce serait fou le Rassemblement national au pouvoir, non ? »
Il s'arrête avec son verre à la main. Me dévisage.
« Euh… oui. L'autre jour, j'en parlais au bureau avec une collègue qui souhaite quitter le service politique. Elle attend de voir avant de prendre une décision. Elle ne voudrait pas rater une victoire de Marine Le Pen.
– Pourquoi ?
– Comme toi ! Elle se dit que ce serait fou de la suivre. Tu imagines un peu le truc ? »
On ramène toujours tout à notre travail comme des monomaniaques jamais satisfaits. On ne craint pas l'horreur, même pas le démon. Pire, on l'envisage comme une breloque qu'on pourrait accrocher à notre veston.

Faciès

Janvier 2022. Ma seconde campagne présidentielle vient à peine de démarrer officiellement. Une vie dans les trains à suivre les pérégrinations des candidats. Une nouvelle lune de miel avec Jean-Luc Mélenchon commence à Nantes par une prouesse technologique de plus, un meeting immersif. Il propose différents univers en lien avec ses propositions électorales à l'aide de vidéoprojecteurs et de parfums. Une plongée dans le futur avec des effluves olfactifs. Un parc d'attractions. La bulle s'enthousiasme. On s'en reparle sur les rails du retour. La colonie de vacances pour adultes continue. Il m'arrive parfois de prendre le train seul, comme un grand. Une habitude contractée lors de ma première présidentielle. Des semaines de gare en gare. En solo, je vis des choses uniques, qui n'adviennent jamais quand je baguenaude avec les autres de la bulle. Des contrôles de police à la gare. Des gars, des filles en civil, en uniforme ou même carrément des douaniers. Je les repère de loin, au départ ou à l'arrivée. J'entends souvent la même phrase.

« Monsieur, s'il vous plaît. »
La même chorégraphie humiliante se met en branle sous le regard des autres voyageurs. Les douaniers inspectent ma petite valise. Les autres demandent seulement mes papiers. Un matin, à Strasbourg, je suis passé sous leurs yeux, fièrement, en descendant du train. J'ai vu leur hésitation. Rien, pas un mot. Le « Monsieur, s'il vous plaît » est arrivé un peu plus tard, à l'extérieur de la gare. Le remords a rattrapé les keufs qui m'ont chopé comme un gros poisson. Tous les curieux, toutes les commères, se sont arrêtés un instant pour contempler une scène devenue banale à mes yeux. La police ne me contrôle plus depuis belle lurette dans mon quotidien en région parisienne. Ado, c'était fréquent. J'ai de nouveau eu droit à ce jour de fête en sillonnant les stations ferroviaires du pays.
Un soir, à la gare de l'Est, de retour dans la capitale, je descends du train, pressé. Deux gars en civil se tiennent droits au milieu du quai. Le plus petit me sort sa carte de douanier. Je me mets sur le côté. Il me demande d'ouvrir ma petite valise. Je sors ma carte de presse en même temps pour m'affirmer, prétendre que je suis quelqu'un. Il ne sait pas que je peux envoyer un message au président de la République, l'ancien, hein, ou à des membres du gouvernement. Le ton s'adoucit à chaque fois que je défouraille ma carte de presse. Je ne le fais pas toujours. La flemme de faire le mariole à tous les coups. Je brûle parfois

de connaître les contrôles d'identité supposément « aléatoires », comme ils prétendent, pour ne pas dire au « faciès ». Sur le quai de la gare de l'Est, le douanier me dit gentiment, sous le regard des pipelettes attirées par l'odeur de l'embrouille :
« Vous travaillez pour quel média ?
– *Libération.*
– J'aime bien ce journal ! Ma nièce, qui fait des études dans le journalisme, veut travailler à la radio.
– Cool. »
De temps à autre, je racontais mes aventures aux collègues de la bulle. Ils étaient surpris à chaque fois. « Tu te fais contrôler à la gare ? », « Tu n'as rien dit ? », « C'est scandaleux ! », « Tu leur as raconté que tu étais journaliste ? ». J'ai cessé d'en dire plus. Pas question de passer pour une victime que je ne suis pas. On peut dire que la police fait bien son travail. Elle me permet de constater que tout le monde retrouve son statut dans le réel.

Télé-réalité

Février 2022. Sept ans dans la bulle. Déclaration de guerre. La Russie de Vladimir Poutine envahit l'Ukraine. Mon emploi du temps devient d'un coup foutrement dérisoire. Mon champ d'action change en une fraction de seconde. Il semblerait bien que je devienne un spécialiste du conflit armé. Terminés les papiers sur l'aide alimentaire et la pauvreté en France de la veille ; foutues mes envies de raconter l'écologie dans les quartiers. L'antagonisme russo-ukrainien ne saurait attendre. Des papiers sur la position des insoumis et des communistes ainsi, pour sûr, que celle des écologistes et des socialistes. Faut-il envoyer des armes ? L'OTAN peut-elle et doit-elle intervenir ? Le danger nucléaire est-il tangible ? Avalanche de questions. Les lecteurs veulent savoir, ça va sans dire. Cela tombe bien, je peux faire MacGyver à l'occasion. Je suis l'homme de la situation.

Rien n'échappe au journaliste du service politique, il a réponse à tout. Les chefs demandent : « Rachid,

on monte un dossier sur les retraites, ce serait bien que tu fasses un papier succinct sur les propositions de la gauche. » Tu peux retirer le mot « retraite » et le remplacer par « guerre », « crise climatique » ou « dauphins ». On craint dégun. Ce qu'on préfère, de très loin, ce sont les bisbilles et les règlements de comptes du microcosme, mais on ne se dérobe pas quand le devoir nous appelle. Je décroche mon téléphone à chaque urgence pour interroger les élus qui sont toujours partants. Ils ont un avis sur tout et bien évidemment sur la marche du monde. Le « je ne sais pas » n'existe qu'en de rares occasions dans la bouche des responsables de la chose publique.
Ils peuvent raconter des sottises, mais comment faire pour le savoir sur un sujet qui m'est tombé sur le nez au lever du soleil ? L'information ne peut attendre. Peut-être que je pourrais confier le sujet « la gauche et les retraites » à la personne chargée des questions sociales et « Mélenchon est-il inscrit au fan-club de Vladimir Poutine ? » à celle chargée de la Russie. Peau de balle. Comme déjà dit, la gauche m'appartient à *Libé*. Personne ne peut écrire un sujet sur les insoumis, Anne Hidalgo ou autres sans me prévenir. Ça voudrait dire que le rubricard en question n'est bon qu'à gribouiller des portraits et à décrire les coulisses ? Voyons… En février 2022, je suis devenu à la seconde un spécialiste de la guerre entre la Russie et l'Ukraine. C'est comme ça. Résultat, on traite des

sujets de fond sans entrer dans les détails, on reste en surface ; toujours du côté de la *bien-pensance.* Certains journalistes politiques maîtrisent quelques domaines mieux que d'autres mais on nous demande de tartiner sur tous les sujets.
Des épigones ambulants de Wikipédia.
Perso, quand je me trouve vraiment en galère sur le fond, je privilégie un entretien. Plus simple, moins risqué. J'ai croisé des collègues dans le brouillard à plusieurs reprises. « Je dois écrire un article sur un sujet auquel je ne comprends rien. C'est chaud. » Ils se retrouvent en train de lire les papiers de la concurrence pour essayer de soutirer quelques infos, voire de piller sans vergogne en espérant ne pas se faire prendre.
On pourrait se contenter d'un article mais pour certains ça ne s'arrête pas là. Surtout, les scribouillards aiment se retrouver sur les plateaux des chaînes d'info en continu pour commenter l'actualité. Ils surkiffent d'être invités dans les émissions spécialisées de France Télévisions, dont celles qui commencent par un « C ». Des journalistes qui décryptent le monde à l'usage d'autres journalistes. Un entre-soi gênant. Disponible pour débattre de tout, y compris de Cyril Hanouna. Le changement est radical. Physique, déjà. Ils se tiennent droits. Revêtent des fringues qui permettent d'entrer dans le moule. Il s'agit de donner le change. Mentalement, ensuite. Ils s'épanchent avec joie sur les plateaux. Souvent, ils

affichent un air blasé. Surtout ne pas faire croire que ce quart d'heure warholien a une quelconque importance dans leur vie. La plupart de ceux qui passent à la télé changent de photo de profil sur les réseaux sociaux. Avec de préférence une capture d'écran d'une de leurs prestations dans le poste, tant qu'à faire. Au cas où ce serait passé inaperçu.
Les chaînes d'info et les réseaux sociaux ont rendu la bulle encore plus timbrée. On a le nez sur Twitter, comme si notre vie en dépendait. On analyse, partage des infos, surveille la concurrence, s'enflamme au moindre gazouillis pondu par un édile. Un *post* bien senti sur ces médias numériques peut se transformer en aller simple pour un show télévisuel. Pas le temps de souffler. Le commentaire à toute berzingue. Un ancien de *Libé* qui a pris sa retraite au début du siècle s'étonnait :
« Je ne sais pas comment vous faites avec les chaînes d'info et les réseaux sociaux. Ce n'est plus du tout le même métier. Le téléphone portable était déjà une révolution mais ces dernières années c'est carrément un big bang.
– C'était mieux avant ?
– Non. À mon époque, tu pouvais couper, te reposer, mais aujourd'hui c'est difficile. Ça ne s'arrête jamais. Vous avez le nez sur vos téléphones. C'est une vraie différence. Le rythme était mieux avant, on gérait notre temps, mais il y avait des soucis dans la pratique.

Nous vivons dans une époque vachement surveillée et tu as un lien direct avec les lecteurs. À mon époque, tout se tramait en coulisses avec les politiques, les coups, les infos, les entretiens. Tout était plus lent mais beaucoup plus opaque. Je n'ai jamais reçu une seule invitation pour un plateau télé. Les lecteurs ne savaient même pas la tronche que j'avais. »

J'ai toujours refusé les invitations sur les plateaux. D'abord par manque de légitimité ; peut-être aussi ai-je peur de ne pas être à la hauteur ; ensuite, mon débit est démesurément trop rapide pour ce genre de rallyes. Beaucoup ont insisté, certains ont proposé de me rémunérer. Des refus à chaque fois. J'ai toujours eu un doute. Basiquement, les chaînes invitent un journaliste politique de *Libération.* Avec en bonus une justification plus équivoque. « Votre style ferait du bien à tout le monde à la télé. » En gros, un Arabe qui ne met pas de costume et fait des blagues de garçon de bains sur les réseaux sociaux. Je faisais mine de ne pas comprendre. La flemme de polémiquer.

Je ne me suis énervé qu'une fois. Une journaliste télé est venue me voir quelques mois avant la dernière présidentielle. Elle voulait suivre à la trace durant des semaines des acteurs de la campagne : candidats, conseillers et journalistes. Elle m'a proposé d'en être. Rien de méchant. Je lui ai donné d'autres noms à *Libé* mais c'est moi qu'elle souhaitait pister. Dans le casting, il y avait Geoffroy Lejeune, ancien

rédacteur en chef de *Valeurs actuelles*. Elle insiste, mais pas trop. Je décline. Mon téléphone sonne de nouveau la semaine suivante. Une émission de radio publique souhaite m'avoir à sa table pour parler de la présidentielle. Deux journalistes politiques face à l'animatrice. Le second invité s'appelle encore Geoffroy Lejeune. Encore lui ? J'ai déraillé au téléphone comme dans une grande pièce de théâtre.
Je l'ai un peu cherché, c'est vrai, en acceptant d'écrire dans une revue qui regroupe plusieurs journalistes politiques de différentes rédactions. Une sorte d'*all-star game*. Geoffroy Lejeune faisait partie de la vingtaine de scribouillards politiques qui s'y collaient. La radio publique a retenu deux noms, le sien et le mien. Le casting passe souvent avant le fond. Je les vois en train de faire bouillir le jus de crâne.
« Rachid Laïreche de *Libé* avec Geoffroy Lejeune de *Valeurs actuelles*, ce serait super. »
J'ai refusé, le programmateur n'a pas souhaité changer la distribution des rôles, c'était Lejeune-Laïreche ou rien.
Mes parents seraient heureux de me voir sourire à la télé, ils pourraient en parler au pays, mais la tranquillité a un prix. Tout le monde regarde les chaînes d'info en continu. Les écrans sont partout : chichas, bistrots, kebabs, coiffeurs. Ma couverture pourrait s'envoler. Beaucoup ne connaissent pas vraiment mon quotidien. Les lecteurs de *Libé* sont rares dans

la cité. Un passage sur l'écran du salon pourrait me donner un nouveau rôle dans mon environnement. Je refuse d'être celui qui sait tout ou qui traîne avec les méchants. Parfois, j'écoute les discussions alentour. Tous les sujets sont ouverts à table. De la présidentielle au Covid en passant par le bruit des bécanes au bas des fenêtres. Je peux écouter en hochant la tête sans l'ouvrir.

Petit à petit, en me prenant moins au sérieux, je restais de plus en plus dans mon environnement naturel. Le quartier d'enfance, les amis, les bancs et les vannes. Loin de la bulle en restant fidèle à ma stratégie, en dire le moins possible sur ce que je fais. Je me rends souvent à l'école maternelle de ma fille, située au royaume des bourgeois-bohèmes, avec une casquette, en survêtement. Les parents cool se rassemblent, forcément. Ils jactent, se racontent leurs vacances. Les ignorants ne savent pas que je suis un immense journaliste politique dans un grand quotidien national comme il faut. Ça me va. Les rapports changeraient sans doute. De nombreux collègues envoient des courriers aux profs et aux directeurs avec leur mail professionnel. Histoire de se poser socialement. Plutôt crever. Ça donne parfois des situations rigolotes. Un matin, la maîtresse m'avertit : « Bonjour, monsieur Laïreche, ce matin les enfants vont lire des livres. Après la lecture, ils donneront des prix.

– Des prix ?
– Oui. Je ne sais pas si vous savez, mais dans la littérature il y a des récompenses, comme le Goncourt, par exemple, ou le Renaudot. Aujourd'hui, les enfants vont lire avant pour savoir quel est le meilleur livre dans la collection que je leur propose. »
Diantre ! On imagine la situation dans un autre contexte. Ma trombine tous les soirs sur une chaîne d'info en continu pour donner mon avis sur tout et n'importe quoi en simulant de tout paner au monde alentour. La maîtresse m'aurait illico proposé de faire partie du jury. Je préfère rester dans ma zone avec une casquette à l'envers.

Blasé

6 mars 2022. Sept ans et un mois dans la bulle. Je dois me rendre à un meeting lyonnais de Jean-Luc Mélenchon, à quelques jours du premier tour de la présidentielle, ma dernière campagne, sans doute. J'en ai officiellement parlé à ma direction. Je ne veux plus me mentir à moi-même, je ne peux plus depuis le déclic. Je veux faire autre chose, raconter la vie des autres loin des turbulences de la République. Je ne le dis à personne, mais est-ce que je vais réussir à couper avec la politique ? Suis-je piqué à vie ? On verra bien. Je retrouve une députée sur une esplanade du quartier de la Croix-Rousse. Elle s'épanche sur son parcours politique pour un article à venir. Mon téléphone sonne. Des collègues se pointent. On mange un sandwich pour tenter de conjurer le froid. Le train repart directement après le meeting. Pas envie de traîner. Je récupère mon accréditation. Tout le monde me connaît, tout le monde me salue. Lara, un dessinateur du *Canard enchaîné*, m'accompagne. Il vit à Grenoble et prépare un ouvrage collectif sur la présidentielle. Il ne connaît

pas l'infra-monde dans lequel il a mis les pieds. J'ai fait sa connaissance un peu plus tôt, en décembre à Paris : « C'est toi Rachid Laïreche ? On m'a dit que je devais te suivre pour tout comprendre, que tu pouvais ouvrir les portes. » Ma réputation de populaire dépasse les frontières de la bulle. C'est devenu un vrai pote. Je rôde, flâne et bâche les collègues pour me réchauffer. Je sors un instant du carré presse, le coin réservé aux scribouillards, avec mon badge en bandoulière comme tous les gens qui comptent dans les événements qui nécessitent une accréditation.
On peut y lire : « Rachid Laïreche, *Libération* ». Un jeune homme me regarde, un étudiant, à l'évidence. Il hésite, je le sens.
« Excusez-moi. Je ne vous imaginais pas comme ça.
– C'est-à-dire ?
– Je vous voyais plus vieux, pas avec une capuche sur la tête et des baskets.
– Il fait froid et je suis un faux jeune. Vous m'imaginiez comment ?
– Je ne sais pas trop. Je lis tous vos papiers. Ce matin encore, j'ai dévoré votre entretien avec Annie Ernaux, c'était super. J'aime vraiment bien ce que vous faites, je me suis abonné à *Libé* pour vos papiers.
– Vous devriez le dire à mes chefs. Ils m'augmenteraient un peu… »
Sentiments ambivalents. La fierté et l'ego le disputent à la gêne. Je n'aime plus trop mes papiers.

Je doute de ce que je fais, de mon rôle. Parfois, j'ai honte. Tout a changé depuis le premier confinement au printemps 2020 et cette fameuse question : « Tu écris pour qui ? » Je croise des potes, des connaissances et d'autres qui me racontent leur galère de tous les jours. Dettes, appartements délabrés, expulsions, conflits au travail, violences, et tout le toutim. J'en aurais des histoires à raconter, des héros cachés à mettre en lumière, ceux qui bastonnent dans l'anonymat avec des moyens dérisoires pour aider les démunis, les pauvres, les délaissés, les malheureux et les « sans-dents », comme dirait l'autre. Au lieu de ça, j'éparpille mon temps et mon pouvoir supposé à relater les chamailleries des ambitieux, à alimenter une bulle avide et coupée du réel. Toute honte bue, j'aspire à autre chose. Sept ans à suivre la gauche, ça fracasse. Je veux me barrer. Où ? Je ne sais même pas ce que je pourrais faire d'autre. À mes débuts, je lui aurais fait un câlin, au jeune homme. J'aurais raconté la scène à tout le monde avec un air revenu de tout pour cacher le melon qui va avec. Rien de tout ça maintenant. Je n'ai plus rien à prouver.
Je retrouve mes collègues. On écoute religieusement Jean-Luc Mélenchon expliquer qu'il veut la paix entre l'Ukraine et la Russie. Tiens, la foule semble d'accord avec lui. Les députés de La France insoumise se retrouvent dans le coin presse après le prêche du messie.

« Alors, monsieur Laïreche, c'était comment le discours ? »
Ils viennent toujours me voir après. Mon avis pèse désormais. Je botte en touche, comme toujours. Je rédige mon papier, le balance à mes chefs. Terminée l'époque de la sueur sur le front. Ni stress ni rien. On boit un coup avec des collègues. Chacun donne son avis. Ils se projettent sur les prochains meetings. Paris, Marseille, Toulouse. La dernière ligne droite fait frissonner. Tous les jeunes journalistes autour de moi sont excités comme des puces. Ils ont hâte de connaître la fin du film.
Une programmatrice de chaîne d'information en continu m'écrit. Elle propose de venir en plateau pour répondre à cette question cruciale. « La guerre en Ukraine peut-elle faire perdre des points à Jean-Luc Mélenchon ? » J'en sais foutre rien mais je pourrais faire semblant, comme les autres, pour donner le change et lustrer mon ego. *Bullshit.* Ça fait des années que je refuse mais ils insistent. Je mate mon téléphone de biais. Je ne réponds pas. J'avance mon billet de train. Plus de places assises. Dans le wagon-bar, je découvre un nouveau faire-part. Cette fois, Nathalie Saint-Cricq m'invite à l'émission politique de France Télévisions. Tous les scribouillards en rêvent. Je ne sais pas comment dire non. Elle doit le sentir, elle insiste. Je trouverai une combine plus tard pour esquiver. Je branche mon ordi sur le

match entre l'Olympique de Marseille et Monaco qui débute. Sentiment de quiétude loin du fracas de la présidentielle. Demain je serai de repos. Je dois seulement prendre un café avec des étudiants en journalisme qui souhaitent me questionner sur ma manière de travailler. Je ne sais pas combien de temps je vais pouvoir continuer à simuler, à être un genre d'imposteur, alors que je sais que la fin est proche.

Le vide

27 mars 2022. La plage du Prado se remplit lentement, trop aux yeux des équipes de Jean-Luc Mélenchon. Les gratte-papier rôdent. Ça se dispute avec les insoumis sur le nombre de personnes à Marseille. Bataille de chiffres qui m'indiffère. Mon cœur est ailleurs. Les polémiques qui agitent la bulle glissent désormais sur moi comme l'eau de la douche du matin. La petite phrase de l'élu inconnu au bataillon qui cherche à se faire un nom ne renversera aucune table. On peut la noter sur notre calepin et la partager sur les réseaux sociaux, ça n'y changera pas grand-chose. Certains collègues sont à fond. Je les guette de loin. Ils bondissent à la moindre virgule de trop, à la moindre chaise vide au premier rang. Le discours du candidat devient secondaire. Je ne dis rien aux collègues, comme toujours ; ils le prendraient mal. Certains rétorqueront que je raconte des bobards, qu'ils s'intéressent au pays et à la foule. La vérité ? Les journalistes politiques tentent de sortir de la bulle sans le faire.

Ils interrogent parfois des sociologues, des philosophes ou d'autres animaux à deux pattes du même genre. C'est toujours bien de pouvoir citer des personnes intelligentes de la Fondation Jean-Jaurès, type Chloé Morin, ou le théoricien en chef de la chose publique, le sondeur et analyste politique Jérôme Fourquet. Ils nous parlent d'un ton martial de démocratie mais aussi de la France périphérique et de la diagonale du vide, ces territoires abandonnés par les partis traditionnels et récupérés par l'extrême droite. Les intelligents qui squattent les plateaux télé, les radios et les canards sont capables de répondre à toutes nos interrogations. Ce sont nos alibis, en quelque sorte. Des paravents qui nous permettent de faire croire aux lecteurs que le journaliste, contrairement au politique, ne vit pas dans une bulle. On la voit, nous, les fans de Nicolas Mathieu, la France populaire en souffrance. De loin, certes, mais on la voit ; on en parle le soir en compagnie des collègues de la bulle en sirotant des pintes, du Coca sans sucre et des Perrier à dix balles. Des grandes tirades sur la condition de vie des petites gens. La musique retentit. Jean-Luc Mélenchon monte sur scène. Il caille un peu à Marseille. Près de moi, des collègues se disputent toujours avec les insoumis sur le nombre de quidams présents au Prado. Le député de Seine-Saint-Denis, Bastien Lachaud, insiste

en faisant des gestes de la main pour tenter de convaincre le plumitif. Dialogue intersidéral.
« Il faut bien compter, bien regarder, et vous verrez que j'ai raison.
– Trop tard, j'ai déjà fait un tweet. »

Magie

Avril 2022. Quartier général de La France insoumise. Posé derrière son bureau, Jean-Luc Mélenchon plonge le regard sur son téléphone, sourire en coin. « Installez-vous un instant, monsieur Laïreche, je réponds à un message », dit-il en tapotant sur l'écran tactile.

Le cellulaire du député des Bouches-du-Rhône sonne du matin au bout de la nuit depuis le premier tour de la présidentielle. Des félicitations et des mots suaves en cascade.

« Je réponds à tous ceux qui m'insultaient ces derniers mois, qui me croyaient mort et qui reviennent frapper à la porte parce que je suis le troisième personnage de la présidentielle. Tout le monde me prenait pour un fou quand je répétais sur tous les tons que la qualification au second tour était possible. Je n'ai pas réussi à me qualifier à cause du pessimisme de tous ceux qui prétendaient que ça ne l'était pas. Des gars comme celui-là, qui m'écrivent pour prendre des nouvelles… je sais les recevoir. »

Je ne connaîtrai pas le nom du destinataire. Il pose son téléphone, risette de rigueur, toujours. Soudain, il se lève. Le soleil lui pique les yeux. Il prend une chaise en plastique et la pose en face de moi. Les jambes croisées. Chacun son café.
« Vous avez demandé à me voir mais je ne sais pas trop ce que je vais vous dire. Qu'est-ce que vous attendez de moi ? »
Tout le monde parle de lui depuis son score, encore inimaginable il y a une paire de mois. Il cause peu mais on croit l'entendre partout. Ses électeurs vont devoir trancher au second tour entre Marine Le Pen ou Emmanuel Macron, voire l'abstention, moindre mal aux yeux de beaucoup. Les journalistes politiques veulent savoir.
Un face-à-face, rien que pour moi, sans attaché de presse. Manque de pot pour la concurrence. Je m'éloigne de la bulle mais je suis content d'être là.
« Rien de précis. On s'est parlé à plusieurs reprises durant la présidentielle et j'aimerais bien faire le point après votre élimination au premier tour.
– Vous venez voir si je suis en dépression ? Parce que les journalistes de votre genre adorent écrire ça, mais ce n'est pas du tout le cas. Je me sens en pleine forme. »
Je ne prends aucune note pour ne pas réfréner son débit. Mets mon enregistreur en marche pour un genre de « bilan et perspectives ». On épluche le passé pour

se projeter dans l'avenir qui s'annonce. On revient sur la soirée du premier tour, le 10 avril au Cirque d'Hiver, à Paris, toute fraîche dans les mémoires. La finale lui échappe d'un cheveu. Sentiments diffus. Tristesse et fierté. Le candidat s'isole un instant dans sa loge. Il gribouille quelques mots, une trame pour son discours. Il monte sur scène en pensant à sa mère. Il laisse la feuille de côté, parle de Marseille, des vagues et du soleil, et de l'outre-mer, qui lui a offert quelques scores extravagants. Un discours poétique. Un des plus beaux de sa très longue carrière, qui se termine avec un message en direction de la nouvelle vague : « Faites mieux ! » Il en parle avec des yeux qui frisent.

« Comment avez-vous vécu cette journée ? »

Jean-Luc Mélenchon rassemble ses deux mains. Les approche de sa bouche. Long silence.

« J'ai deux vies. L'une comme tout le monde, avec mon quotidien, mes bonheurs et mes problèmes, mais j'ai aussi une existence magique.

– C'est-à-dire ?

– Cette journée par exemple, celle du premier tour, c'était magique. Ce matin-là, je savais que ça allait être magnifique. Je ne me disais pas que j'allais gagner mais je sentais que quelque chose de positif se produirait. Toutes mes rencontres, à Marseille, dans le train ou à Paris, l'étaient. À la tombée des résultats, je ne pouvais pas être nombriliste et me refermer sur ma déception. J'ai donc dit ce que j'avais à dire dans une atmosphère spéciale. Dans l'existence, il y a des moments charnières où nous ne sommes plus les mêmes après. C'est comme après avoir eu un enfant. Je me souviens du premier regard de ma fille dès sa naissance à la maternité, elle ne savait pas qui elle avait en face d'elle mais moi je savais. Jamais je n'oublierai cet instant, ce tournant dans ma vie. J'en ai vécu un deuxième le soir du premier tour.

– Vous aviez déjà réalisé un joli score lors de vos deux premières présidentielles…

– Ils pensaient tous que nous étions un accident de l'histoire. Pas cette fois. Celle-ci nous a donné raison. Ça validait ma rupture avec le Parti socialiste en 2008. Tout le monde me prenait pour un fou, ça m'a pris un peu plus de dix ans mais j'ai réussi mon pari. »

Il se réinstalle derrière son bureau après une bonne heure. Il regarde son téléphone. Des textos, encore et toujours. Jean-Luc Mélenchon n'a jamais eu autant d'amis. Ça le fait marrer, il sait que ça ne durera pas.

Je descends les escaliers. Une militante qui taffe au quartier général insoumis quitte les lieux au même moment. Dehors, elle s'arrête un instant en regardant le soleil.

« Ça fait du bien. »

On fait un petit bout de chemin ensemble. Elle revient sur les derniers jours. Espoir et désarroi se confondent. Elle a beaucoup pleuré le soir du premier tour. La retraitée y croyait vraiment. Nos chemins se séparent. Jean-Luc Mélenchon a beaucoup discouru. Je vais en faire un article pour *Libé* mais une autre option m'apparaît vite à l'horizon. Je viens sûrement de vivre ma dernière présidentielle comme rubricard politique. Je pourrai ainsi conclure définitivement cette histoire avec un livre sur le personnage principal de mon épopée dans ces eaux souvent glacées, Jean-Luc Mélenchon. Il ne reste plus qu'à trouver un angle – comme disent les pisse-copie – pour écrire quelque chose de nouveau sur un personnage qui squatte les écrans et les tribunes depuis le siècle dernier.

Acte VI
Le détachement

Dégoût

Avril 2022. Le pays doit choisir une nouvelle fois entre Emmanuel Macron et Marine Le Pen. Duo d'enfer. Des sondages inondent le pays. La bulle frétille comme toujours en pareil cas. Elle commente, analyse. Les éditorialistes pointent du doigt les futurs abstentionnistes, principalement les « électeurs de gauche » qui ne se déplaceront pas pour lâcher un bulletin dans les urnes ; cette histoire n'est plus la leur. Les fachos squattent les plateaux télé, les ondes et de nombreux canards toute l'année pour dégobiller leur haine sur toutes les têtes non caucasiennes du pays. La bulle demande une pause entre les deux tours de la présidentielle. Il faut écrire en grand et crier fort que le Rassemblement national de Marine Le Pen est dangereux. Tout redeviendra comme avant par la suite. Les tenants d'un ordre bien monochrome blanc retrouveront leur place dans les médias. J'en parle avec des potes du quartier. La présidentielle et les municipales sont les seules élections qui intéressent ; qui font jaser même les abstentionnistes. Une bonne moitié de mes potes est restée à la maison au premier tour, l'autre a voté pour Jean-Luc Mélenchon. Presque tous resteront à la maison deux dimanches plus tard. Ils refusent de choisir entre Marine Le Pen et Emmanuel Macron. C'était moins flagrant lors de la précédente présidentielle. Je me souviens de quelques discussions en 2017. Les abstentionnistes étaient moins nombreux et les pédagogues professaient en force. Des têtes dures qui poussaient les autres à bloquer la route à l'extrême droite. On se retrouve dans une sandwicherie sur le boulevard de la Boissière, à Montreuil, et le sujet est à peine évoqué. Je le lance à l'arrache, juste pour voir. Une réponse du tac au tac. Le taiseux de la bande.

« On se fait insulter tous les jours, tout le monde nous insulte, tes copains journalistes et les politiques, même chez Macron. Ils parlent mal de la banlieue, des Arabes, des Noirs, des musulmans et de nos darons. Et maintenant ils nous demandent de l'aide. Des barres de rire. »

J'aurais pu relancer, débattre, tenter de comprendre, convaincre dans un sens ou dans l'autre ; comme avant. Je laisse pisser. Je pourrais leur dire que j'ai déjà entendu des collègues en train de s'imaginer suivre Marine Le Pen à l'Élysée, mais ça risquerait de les énerver un peu plus. Mon silence me prouve que je lâche tranquillement mon costume de « journaliste politique », de sachant putatif. Je descends chaque jour un peu plus de mon piédestal. Il ne me reste que quelques semaines à tenir.

Le livre

Les jours passent. La politique ne quitte jamais mon esprit. Un pied à l'intérieur constitue néanmoins un pied de trop. Elle me poursuit, me taraude. Je zone au quartier des Grands-Pêchers avec mes potes. Il fait doux. Ça digresse à propos de tout et de foot. Un samedi soir comme on les aime depuis l'enfance, posé sur un banc avec les siens. Je quitte parfois la discussion, mon esprit divague. Je pense à ma dernière rencontre avec Jean-Luc Mélenchon. Certaines phrases et certains mots reviennent : « vie magique », « atmosphère spéciale » et « moments charnières ». Le livre se trouve là. Je vais raconter sa journée du 10 avril. Heure par heure. Chaque moment sera un chapitre qui permettra de replonger dans sa vie passée. Le titre s'impose : « Jean-Luc Mélenchon, le dernier jour de sa vie. » J'en parle à quelques collègues. Tout le monde acquiesce. Je suis vraiment un petit génie. Je me retrouve des jours plus tard à table dans un restaurant italien, en face de la gare de Metz, avec Jean-Luc Mélenchon. Il est dans les parages à cause

d'un meeting. Parle de littérature et de cinéma devant son carpaccio. Je lance à l'impromptu au moment du dessert.
« Je vais écrire un livre sur vous…
– Encore un ? Qu'est-ce que vous voulez dire de nouveau ?
– Dans votre bureau, la dernière fois, vous m'avez parlé de la journée du premier tour en me disant qu'elle fut magique, que c'était un moment charnière de votre vie. J'aimerais bien en faire un bouquin.
– J'ai vraiment dit ça ? C'est fou toutes les bêtises que je peux raconter. »
Le troisième personnage de la présidentielle accepte ma requête. Je demande à son équipe de me donner le nom de toutes les personnes croisées sur sa route ce jour-là. Une quinzaine en tout. La mission commence, les entretiens s'enchaînent. Entre le début et la fin de l'été, je récolte tous les instants qui comptent avec des détails croustillants pour un journaliste politique. Son petit déjeuner à l'hôtel, le bureau de vote, sa rencontre avec Emmanuelle Béart dans le train, sa pause chez lui avant le Cirque d'Hiver, l'achat d'une mousse à raser à la dernière minute, ses fraises Tagada, la réunion avec ses proches, sa réaction à l'annonce des résultats, la préparation de son discours et son départ pour sa résidence secondaire dans le Loiret. Ne manque que l'écriture. Une bonne manière de claquer la porte de la bulle ; y laisser une trace de mon passage.

Festival du *off*

Mai 2022. Sept ans et trois mois dans la bulle. François Ruffin s'affiche dans tous les canards. La *hype* fonctionne toujours par mimétisme, par vagues. Celle de l'après-présidentielle est pour lui. Une *hype* qui se prolongera après l'été. Tous les échotiers chargés de couvrir la gauche le racontent de long en large. Des portraits bienveillants et une question en filigrane. Peut-il devenir la prochaine figure centrale de son camp ? Je lis divers papiers sur le député de la Somme sur lequel j'ai rédigé un livre (donc il m'appartient, ha ha ha). Dans les différents papiers on retrouve comme presque toujours des citations anonymes. Je passe un coup de fil à un copain de l'intéressé, Guillaume Tricard. Je l'ai reconnu dans certains articles. À force de pratiquer le *off*, on peut aisément deviner qui se cache derrière telle ou telle citation sans auteur, grâce à un détail, un mot, une phrase. C'est le métier qui rentre, disent les anciens. On peut constater que la folie n'a aucune limite. On arrive même à déchiffrer les *off*. Le pote de Ruffin au téléphone ricane.

« C'est tellement bizarre les journalistes. Un de tes collègues m'appelle pour parler de François, je lui dis quelques trucs, rien de fou. Ce matin en lisant l'article, je retrouve mes citations dans tout le papier mais à chaque fois sous une identité différente. » Fou rire. Guillaume Tricard est présenté au début de l'article comme un « proche », puis comme un « conseiller » et enfin comme un « membre de l'entourage ». Sans me moquer, pas mon genre (!), la plupart des journalistes politiques procèdent ainsi, pas toujours, mais bien souvent quand même. Il y a un dictionnaire des synonymes sur le sujet qui se transmet à travers le temps : « ténor », « cadre », « pilier », « visiteur du soir », etc.

Le *off* offre plusieurs opportunités. Des politiques peuvent déblatérer à visage découvert (pour dire un truc pas trop hard) et en *off* (pour lâcher un tacle à hauteur de carotide, limite crapuleux) dans le même élan. Ils peuvent même parler d'eux sans être cités. Lorsque Emmanuel Macron reçoit, au hasard, des journalistes gentils en son royaume, on peut lire et entendre le lendemain : « Selon l'Élysée, le président de la République ne devrait pas manger de la purée à la cantine. » Les élus qui refusent le *off* sont rares. En vrai, je n'en ai croisé qu'une poignée. David Cormand, député européen écologiste, par exemple, avec lequel j'avais une relation limpide. Je l'appelais. Il décrochait toujours. Soit pour répondre à mes

questions à visage découvert, soit pour me dire qu'il n'en avait pas envie. Les autres – l'immense majorité – maîtrisent l'exercice. Un journaliste aura du mal à faire son job sans accepter les règles de ce jeu-là. Plus de déjeuners, plus de confidences au wagon-bar, plus de coulisses, plus rien. Balle-peau. Les politiques ne freinent pas la cadence. Je me souviens de deux jeunes fraîchement élus de La France insoumise au Palais-Bourbon, en 2017 dans le Nord. De passage à Lille pour un reportage, Adrien Quatennens et Ugo Bernalicis m'ont demandé des conseils. J'ai accepté comme un ancien que j'étais en train de devenir.
« Comment ça marche, l'anonymat ? Je parle en toute liberté et après je dis que je ne veux pas apparaître ou bien je dois le dire avant l'interview ?
– Ça dépend de la relation que tu as avec le journaliste, mais c'est mieux de le signaler avant.
– Comment ça marche, les déjeuners ?
– Tu verras, tu auras des propositions de plusieurs journalistes qui ne travaillent pas dans la même crémerie mais qui mangent dans la même assiette. »
On aurait pu imaginer que les choses évoluent avec le prétendu « nouveau monde ». C'est pire que tout, en fait. J'ai déjà eu affaire à quelques ministres de la macronie. Avec eux, tout est toujours *off*, en permanence. Les ministres qui souhaitent soliloquer sans se cacher doivent d'abord envoyer leurs citations à Matignon pour les faire valider. Quelque

chose comme le centralisme démocratique. Rien de dingue, hein. De la langue de bois pure et dure. J'ai interrogé Bérangère Couillard, secrétaire d'État auprès du ministre de la Transition écologique et de la Cohésion des territoires, chargée de l'Écologie, pour parler de la chasse. Son conseiller a insisté pour bien évaluer cette citation : « Je me dois d'entendre les attentes de la population pour faire évoluer les pratiques mais il est faux de dire que la chasse n'a aucune utilité. Il y a l'aspect culturel et la régulation des grands gibiers qui causent des dégâts aux cultures. Mon rôle, c'est de trouver des solutions, être anti- ou pro-chasse ne résoudra rien. » J'ai dû attendre une journée entière pour avoir la bénédiction du service chargé de définir les bons et les mauvais mots. De loin, j'imagine un technocrate maigrichon entre deux âges avec des lunettes de marque italienne dans un bureau de Matignon en train d'examiner au tamis les tocades des ministres.

Le *off* provoque des situations cocasses. Jusqu'où peut-on aller dans la comédie ? En 2019, je me suis embrouillé avec une élue de La France insoumise. On prend un café, à notre aise. Elle se lâche. La jeune ne supporte plus les « anciens » de tous les partis de gauche. « Il faut tourner la page. Je n'en peux plus des Hollande, Royal, Mélenchon et des autres. La nouvelle génération doit prendre le pouvoir », dit-elle en *off*. Studieux, je note tout dans mon calepin.

Pas question de la griller. On évolue en confiance. Je retrouve la députée peu après dans la journée. Elle participe à une marche pour le climat à Paris. Je la vois main dans la main avec Jean-Luc Mélenchon. Des sourires et des photos sur les réseaux sociaux. Je l'interpelle en fin de journée.

« Ce matin, tu étais fâchée contre Jean-Luc Mélenchon, tu me disais qu'il fallait tourner la page et l'après-midi tu défilais avec lui en souriant. C'est étrange… »

Elle ne comprend pas.

« Je ne vois pas ce que tu veux dire. Il faut tourner la page mais pour le moment il est encore là, on fait avec.

– Pourquoi tu me dis qu'il faut tourner la page si tu lui tiens la main ?

– Parce que je le pense…

– Pourquoi tu me le dis, pour que je l'écrive ?

– Oui, enfin, surtout, pour que tu le saches… »

Tournez manège. J'ai jeté à la poubelle ses propos. Le *off* fait partie de cette éternelle pièce de boulevard politicarde. Des papouilles à la lumière du jour et des quiches derrière les rideaux. Certains paniquent. En 2018, j'ai déjà eu un député de La France insoumise très tard dans la nuit qui transpirait. La peur de se faire griller par les siens, rien ne peut arriver de pire. Un manifeste est rédigé par les rédactions de Mediapart, *Politis* et *Regards* pour l'accueil des migrants. Les députés insoumis refusent de le signer, sauf Clémentine Autain. La députée de Seine-Saint-Denis se retrouve sur le banc des accusés. Ses camarades lui reprochent son paraphe. S'ensuit une réunion tendue à huis clos. Un député me cause de la réunion houleuse le lendemain. Je contacte Clémentine Autain, qui confirme le tumulte de la veille.

Suffisamment d'éléments pour balancer un papier anodin. Ça chauffe. Jean-Luc Mélenchon cherche la taupe. Il écrit un message à Laurent Joffrin, qui était encore mon patron, pour se plaindre. Le député craignait que je lâche son blase.

« Je suis vraiment mort si mon nom sort, c'est terminé pour moi. Plus personne ne me fera confiance. »

Je le rassure. Le balancer n'entre pas dans mes plans. Les relations avec les politiques se façonnent autour du *off*. Les journalistes sont toujours à la recherche de la bonne fontaine à laquelle s'abreuver. On traque des élus qui lâchent des secrets, des proches qui accordent quelques révélations ou des « copains » qui livrent des scènes intimes pour alimenter la bile des échotiers. Rien n'est jamais tout à fait gratuit. Cette dette inodore, invisible se transforme de temps à autre en article souriant pleine page pour les plus intarissables des confidents. En scrutant de loin la macronie, je me dis que le ministre des Transports, Clément Beaune, doit être vraiment sympa ou, au choix, très bavard. Des panégyriques lunaires envahissent à intervalles réguliers les gazettes du pays. Politiques et journalistes se tiennent par la barbichette.

J'ai déjà papoté avec des collègues remontés contre leur propre chefferie après un papier amer ou une enquête critique sur leur mine d'or. Conflit de loyauté. Qui est le plus important, son employeur ou sa source ? Tous les journalistes répondront forcément leur hiérarchie même s'ils pensent l'inverse. Ils se dédouanent face au politique incriminé avec des excuses attendues, du genre « Je n'y suis pour rien » ou « Je n'étais pas au courant ». Comment faire si notre source ne peut plus nous révéler que « le président de la République est serein et déterminé et [qu']il ne cédera pas à la pression de la rue » ? Notre monde tomberait en lambeau.

Je me souviens avoir esquissé un court portrait de Jean-Christophe Cambadélis, le premier secrétaire du Parti socialiste, à mes débuts. Un truc inoffensif comme un chat sans griffes. Un collègue m'a averti dans la foulée, un brin amer.

« Très chouette, ton portrait de Cambadélis. Il a dû aimer. C'est malin d'avoir signalé ton entrée dans le grand monde. Tu vas rapidement te le mettre dans la poche. Tu verras, il est au courant de tout. J'ai fait la même chose en arrivant et il m'a filé plein d'infos. »

Je n'ai pas su quoi répondre. La honte. Il a pensé que j'étais dans la stratégie alors que je faisais de la lèche pour du beurre. Le scribouillard populaire avait néanmoins raison. Le chef des socialistes, qui ne veut jamais apparaître dans les papiers, s'est avéré une véritable pépite. Une épée du *off*. Il m'appelait de temps en temps pour faire le tour du propriétaire. Ça fonctionnait comme un bonneteau oral. Je sortais mon carnet et lâchais des noms au débotté pour prendre la température.

« François Hollande ?

– Alors là, François est dans une situation complexe…

– Manuel Valls ?

– Manuel n'a pas d'espace politique…

– Jean-Luc Mélenchon ?

– Il doit faire un choix entre… »

Etc.

Le dirigeant florentin du Parti socialiste avait un avis sur tout et tout le monde. Moi, petit plumitif qui débutait, je buvais les paroles du « cador ». Le temps a passé. Je m'interroge sans cesse : « Comment ai-je fait pour prendre du plaisir dans cette mascarade ? »

Shérif, fais-moi peur

12 juin 2022. Sophia Chikirou passe un cap. La communicante de La France insoumise est élue députée de Paris dès le premier tour des législatives. Elle participe à une kermesse deux jours plus tard, à Paris, pour soutenir tous ceux qui devaient encore guerroyer pour obtenir un siège au Palais-Bourbon. Ce jour-là, sous le soleil, un confrère qui gratte pour un autre journal rase les murs. Il vient de publier un portrait salé de la nouvelle députée. Il décrit l'image qu'elle aime renvoyer, celle d'une guerrière impavide. Une attachée de presse le prévient qu'elle est en rogne. Pire, qu'elle en est blessée.

Le journaliste ne sait plus où se mettre. Il craint de la croiser, n'en mène pas large. Ça me fait marrer. Je fais mine de faire des signes à Sophia Chikirou. Le collègue me répète plusieurs fois : « Arrête de faire le gamin ! » Il se planque loin derrière. Pas envie de croiser la tornade, de se justifier à propos de son portrait. Tout le monde le félicite sur les réseaux sociaux mais c'est un autre refrain sur le bitume. Au loin, derrière ses lunettes de soleil, la nouvelle élue est comme à son habitude. Froide, altière, lointaine, presque hautaine. Ni égard ni contact avec les scribouillards.

On se connaît un peu. Je l'ai rencontrée pour la première fois en mars 2017 dans un restaurant à l'occasion d'un déjeuner avec quelques camarades de la bulle, près de la gare du Nord, à Paris. Depuis deux ans que son nom circulait sous le manteau, on me racontait des histoires effrayantes à son propos. Sophia Chikirou serait une véritable méchante, une terreur. Elle arrive à l'heure, peinarde. Une poignée de main, un sourire et des règles du jeu, les siennes. Elle déjeune avec nous pour évoquer son rôle officiel durant la présidentielle. Responsable communication de La France insoumise. Bien vite, elle déroge à ses préceptes. Voix basse et regard qui oscille entre l'enjôleur et le glacial.

« Je déteste *Libé*, ce journal représente la gauche que je ne supporte plus. Parfois, je vois passer des articles qui ont l'air intéressants, mais j'évite de les lire, je n'y arrive pas », avertit-elle d'entrée.

Je ris. La communicante ne supporte pas les journalistes. Elle se lève de table après deux longues heures. Son départ ressemble à son arrivée. Un salut à tous les scribouillards, qu'elle est supposée vomir, et un « Merci, c'était cool, on a bien papoté ». Sophia Chikirou aime enfiler la panoplie de la *badass*, manière de garder la piétaille à bonne distance. Je la

croise de nouveau quelques mois plus tard à l'université d'été de La France insoumise. Elle se balade dans les allées de la faculté des sciences de Marseille. Posé sur un banc, je l'apostrophe.
« Bonjour, madame, vous allez bien ? »
Elle me regarde à peine. Sibérienne, comme souvent. Balance en retour un « salut » des plus neutres. Le sentiment d'être de trop. Je l'observe dans un amphi bondé. Les gouttes de sueur perlent sur les visages. Elle fait face aux curieux. Micro en main, elle anime un débat : « Faut-il dégager les médias ? » La journaliste Aude Lancelin et le politologue Thomas Guénolé font partie des intervenants.
« On n'y croit plus, on doute, on s'interroge, on cherche à savoir par soi-même. C'est très bien parce que c'est ce qu'on prône. Informez-vous par vous-mêmes, essayez de vous faire votre propre opinion. Il y a aussi d'autres cas où on se détourne, on en a marre, on s'en fout, on ne veut plus savoir », tonne Sophia Chikirou sous les applaudissements. La corporation n'a pas du tout aimé, on s'en doute.
Un mois plus tard, je déjeune avec elle en tête à tête, à Paris. Elle me teste. Cherche à savoir si elle peut me faire confiance. Pour un portrait, la communicante pose des préalables, questionne. Au fil de la conversation, elle entrouvre des portes. Évoque son père, ouvrier à la retraite, qui passe du bon temps à Béjaïa, en Algérie. Convoque sa mère, qui a passé sa vie à

s'occuper des autres. Parle de ses deux sœurs et de son frère qui l'encouragent de loin. De ses voyages aux États-Unis et en Équateur. Au bout d'un moment, elle donne son portable tandis que les photos de ses neveux et nièces défilent. Sophia Chikirou assume son double jeu.
« Ceux qui ne me connaissent pas vont dire que je suis autoritaire parce que je sais où je vais. Je ne supporterais pas de passer pour une personne qui ne sait pas où elle va. Il n'y a pas de place pour les gens qui ne savent pas où ils vont en politique. Enfin, c'est mon visage public. Je suis beaucoup plus tranquille avec mes proches. Je sais baisser la garde. »
J'en étais sûr. Il y a quelqu'un d'autre derrière son costume de reine Grimhilde. Elle me donne rancard dans une brasserie la semaine suivante. On ne se quitte plus. Elle me raconte son enfance, à Bonneville, une cité de Haute-Savoie. À l'école, elle cartonne. De la primaire à Sciences Po, toujours dans le peloton de tête. La fille d'ouvrier revendique. « C'était une façon de dire que mon père est peut-être moins riche que le vôtre mais, à armes égales, je suis devant. » Le retour de flamme social en guise de combat. Une belle histoire pour les gratte-papier. La communicante retrace son parcours politique. Du Parti socialiste à l'étonnante tentation Sarkozy jusqu'à la rencontre avec Jean-Luc Mélenchon. Silence. Je sens qu'elle veut en dire plus.

Elle finit par y venir. Elle se voit patronne de presse. Elle m'annonce la création et le lancement du site en ligne « Le Média », qu'elle fonde avec d'autres. Une affaire qui tournera rapidement au vinaigre. Elle quittera ledit média dans le bruit et la fureur quelques mois plus tard. Entre-temps, j'ai eu droit à un message avec des photos de sa nièce qui venait de venir au monde. Peu après, sans crier gare, on se perd de vue. Sophia Chikirou traverse différentes tempêtes judiciaires. Elle est soupçonnée de malversations durant la campagne présidentielle de Jean-Luc Mélenchon en 2017. Je la croise parfois à des raouts de La France insoumise. Toujours polie, mais on n'a plus de vraies discussions. Elle a repris ses distances avec les journalistes, moi inclus. Terminées les confessions, les photos de famille et les déjeuners en tête à tête. Je n'ai jamais insisté. Tant pis. C'était chouette les discussions sans entrer dans un jeu de rôle. Désormais, je m'éloigne de façon inexorable de la bulle ; je m'en moque des postures. Je constate simplement que tout est toujours impeccablement rangé. Il y a toujours les méchants, qui font peur aux journalistes, et les gentils, qui refilent de bons tuyaux. Une mélopée si douce. Je me dis dans l'instant que la *drama queen* insoumise mènera la baston aux journalistes et aux autres jusqu'à son dernier souffle et que le plumitif apeuré, caché derrière les scribouillards, n'a aucune chance de voir les neveux et nièces de Sophia Chikirou en photo.

Dressing

Juin 2022. Sept ans et quatre mois dans la bulle. Fraîchement élu en Seine-Saint-Denis, David Guiraud ne découvre pas le Palais-Bourbon. Il y était assistant parlementaire lors du précédent quinquennat. Le trentenaire de La France insoumise baigne dans la politique depuis toujours. Son père a été maire des Lilas (*Seine-Saint-Denis style*) pendant près de vingt ans. Il en connaît tous les usages. On se pose sur un banc dans les jardins de l'Assemblée nationale. Sans le vouloir, la conversation incline dans ce sens-là.

« Je suis sûr que si l'on regarde les nouveaux députés, on remarque qu'ils sont souvent issus du personnel politique. C'est mon cas. De nombreux parlementaires ont été militants ou ont travaillé avec des élus, ça leur a donné une longueur d'avance. Ils savent comment ça fonctionne et connaissent l'agenda politique.

– Il s'agit surtout d'intégrer des codes ?

– Oui. Les classes populaires ne savent pas comment ça marche, elles ne sont pas dans le circuit. À terme, les organisations politiques doivent y faire entrer toutes les catégories populaires. Je ne parle pas uniquement des cités. Il y a les jeunes de la France périphérique, des campagnes, qui peuvent et doivent y prétendre. Le rôle d'un mouvement comme le nôtre, c'est de représenter tout le pays. L'enjeu n'est d'ailleurs pas forcément d'en faire tous des élus. Quand tu as un pote qui œuvre en politique, il peut te rancarder, te filer des tuyaux. Ce sont des réseaux qui se forment. Quand tu gravites dans ce monde, tu as la possibilité d'être élu, mais aussi de faire émerger les autres. Les deux sont essentiels.

– Tu en parles avec tes camarades ?

– Je dis à mes collègues que nous sommes des employeurs et c'est une responsabilité. Il faut faire des choix politiques et nous ne devons pas tomber dans la facilité en recrutant des jeunes de Sciences Po. Je ne dis pas qu'il ne faut plus recruter des attachés parlementaires qui sortent des grandes écoles, mais nous devons élargir notre focale. Si j'ai besoin d'un salarié qui maîtrise les réseaux sociaux et qui peut gérer la presse, faut-il nécessairement quelqu'un qui a fait Sciences Po ? »

La collaboration avec un hiérarque est une porte cochère pour devenir pro, un centre de formation qui ne dit pas son nom. Ces dernières années, j'en ai vu quelques-uns passer la frontière. De petites mains devenues grandes. Gabriel Attal, le ministre de l'Éducation en exercice, a travaillé pour la ministre de la Santé, Marisol Touraine, durant tout le quinquennat de François Hollande. L'ambitieux était calme durant les déjeuners. Il observait en silence. Les collaborateurs ne se rangent pas tous dans le même dressing mais ils ont des points communs, et non des moindres. La plupart sortent des grandes écoles. Sciences Po et consorts. L'entre-soi va sans dire. Tout le monde se fringue pareil ou presque. Des costards de marque sombres et bien repassés pour les garçons. Des tailleurs tout pareils aux plis impeccables pour les filles. Rayon look, seuls les écologistes et les insoumis dénotent. On les reconnaît de loin. Sauf que leur parcours est semblable aux autres derrière leur dégaine cool. Je reprends avec David Guiraud.

« Recruter des jeunes qui ne sortent pas du sérail, c'est une manière de les ramener à la politique pour sortir de la bulle ?

– On doit ouvrir les yeux. Dans les quartiers, on ne manque pas de diplômés. Les nouveaux élus doivent se dire que s'ils ont besoin d'un attaché parlementaire pour gérer leur agenda, les relations extérieures ou des tâches administratives, ils peuvent très bien embaucher une personne qui a fait un BTS secrétariat. Il y a des tas de profils possibles. »

Une autre réalité subsiste. Nombreux sont ceux qui atterrissent dans la bulle par hasard et repartent à toute blinde. Ils imaginaient la politique autrement. Un truc noble où l'on défend ses idées. Ça peut

arriver… mais pas toujours. Ils découvrent les journées sans fin, la violence verbale, des journalistes qui les bombardent de messages pour connaître la couleur des chaussettes de leur poulain ou son repas de la veille, des élus qui ne pensent qu'à leur gueule et écrasent celle des autres.
Beaucoup de nouveaux venus préfèrent tailler la zone. Rien de tel que la vraie vie. Certains n'arrivent plus à s'en sortir et ressassent pour se rassurer : « J'arrête à la fin du mois. » Leur vie de collaborateur est derrière eux, jurent-ils la main sur le cœur. Terminés les casse-dalle entre deux réunions et les prises de bec avec les journalistes.
« Paroles et paroles et paroles », raillait Dalida. Ils ne se carapatent jamais. La politique s'avère au bout du compte une drogue à accoutumance pour toutes ses composantes (élus, collaborateurs, journalistes).
Je garde en mémoire mes retrouvailles avec une collaboratrice. Elle était en charge de la presse de plusieurs personnalités de gauche (Benoît Hamon, Najat Vallaud-Belkacem, François Hollande). Elle est partie dans le privé, en 2017, après la victoire du jeune Macron. Elle ne le supportait pas, impossible de rester dans le milieu, disait-elle. Je l'ai recroisée récemment dans un ministère en janvier 2023. Ses talons dorés brillaient plus que les dorures. Elle a remis le couvert.
« Euh, qu'est-ce que tu fais là ?

– … (*Silence de la honte.*)
– Tu ne m'as pas dit que tu arrêtais et que tu t'éloignais de la politique parce que tu ne supportais pas Macron ?
– Non, mais c'est différent… je bosse dans un ministère super-intéressant et mon ministre, ce n'est pas Macron. »
J'ai gloussé.

Acte VII
La libération

Narvalo

Septembre 2022. Je me pointe au stade en face de la cité des Grands-Pêchers. Le repaire du dimanche. On se retrouve tous dans les gradins pour voir jouer l'équipe locale. Ça chambre sans limites. Tout le monde en prend pour son grade : les adversaires, les nôtres et les supporters. Mathieu est un bon pote. Il travaille dans la clim. Il me fait un geste de la main gauche, la droite ne lâche pas son casse-dalle merguez. On prend des nouvelles. J'ai joué au foot avec lui. Il a même été mon entraîneur. Il m'a mis sur le banc des remplaçants durant des plombes alors que j'étais un tueur devant le but. Les années ont passé. Il ne regrette pas son choix, l'enfoiré. Bref, on y reviendra. Mathieu a toujours eu un œil sur la politique. Comme tout le monde au quartier, il ne lit pas mes articles. Il préfère les chaînes d'info en continu. Il est capable de citer tous les présentateurs, les chroniqueurs et les reporters qui passent sur le petit écran. Un accro aux pulsions anxiogènes des *breaking news*. Il demande des nouvelles de mes « gars ».

« Tu penses que Mélenchon va vraiment arrêter ? Qui peut prendre sa place ? Corbière, Ruffin, Autain ? »
Je réponds à côté. Je lui explique que je reste dans le même club mais que j'ai changé de poste à *Libé*. Terminés le suivi des gauches et la vie aux basques des politiques. J'ai officiellement rendu mon tablier après sept piges et demie. Est-ce que je peux réellement rompre avec la bulle ? Ça ne me manque pas pour le moment. C'est presque inquiétant. Soudain, l'actualité politique qui rythmait mon existence ne m'intéresse plus tout à fait. Je ne lis plus trop ce qui se raconte sur les congrès, les empoignades, les histoires de succession. Il y aura peut-être une rechute. Je ne l'espère pas, *inch Allah*. En rentrant de congé, j'ai enfilé la panoplie de reporter.
Une nouvelle vie sur le terrain à bonne distance des politiques débute, plus proche des *vraies gens*, comme disent les snobs. Une respiration. Je hume le pays et ses colères, comme disent les chefs. Je le renifle pour de vrai et ça revigore. Du reportage et de nouvelles rencontres. Je parlais aux politiques des problèmes des souffrants de la société ; aujourd'hui je m'adresse à eux sans intermédiaire. Presque un luxe dans ce turbin.
Mathieu écarquille ses gros yeux derrière ses lunettes rondes. Je lis une pointe de déception. Je ne comprends pas. Lui et les autres me vannent depuis des années. Un « corrompu », un « comme eux »,

un « politicien », un « traître », etc. Il devrait être content pour moi. Je claque la porte d'un monde qu'il regarde de travers. Il ne croque même plus dans son sandwich à la merguez.

« Tu as réussi à te faire une place et tu arrêtes la politique ? T'es un vrai narvalo. Tu arrêtes alors que tu es devenu quelqu'un. Frère, tu pourrais monter encore plus haut. Tu es respecté. Je suis sûr que demain tu peux avoir un appartement en deux secondes si tu fais une demande au maire de Montreuil. Tu vas faire quoi maintenant ? Tu vas où ? »

J'explose de rire. Je pourrais lui répondre, lui expliquer en détail. Un jour, peut-être. Pas le moment, la flemme. Il fait beau. Le match a commencé. J'arrive à passer des moments avec les miens sans rafraîchir Twitter. Mathieu m'accompagne chercher une merguez avant de rejoindre les autres dans les tribunes. J'en profite pour lui poser une question, toujours la même.

« Pourquoi tu m'as mis sur le banc de touche ? Sur la vie de ma mère que j'étais meilleur que Djibril.

– T'es vraiment un narvalo, tu ne lui arrivais pas à la cheville. »

Selfies

Octobre 2022. Je me pointe à un *date* avec une association qui lutte contre la pollution. Une brasserie près de l'Assemblée nationale. Je croise en repartant, par hasard, Jean-Luc Mélenchon sur la place du Palais-Bourbon. Je n'ai plus de nouvelles depuis des semaines. Certaines choses ont changé. Le joli score de la présidentielle semble loin. Son protégé, Adrien Quatennens, a été condamné pour violences conjugales et plusieurs de ses amis mènent une fronde en interne, manière de pousser le vieux à la retraite. Des crises relayées en longueur par la presse, notamment dans *Libé*. La chasse au dauphin, les querelles d'héritage chez les insoumis auraient égayé ma vie il y a peu.
Une dame demande à Jean-Luc Mélenchon de faire un selfie avec elle. Il m'aperçoit. Se moque de ma trogne. « Ce n'est pas avec moi qu'il faut poser. C'est lui, la star. Vous ne le connaissez pas ? Il écrit des livres, pourtant. »
Elle me regarde et me demande sérieusement de faire un selfie avec elle. Je décline en lui expliquant

que le monsieur est un farceur. Je le suis. Il marche à grande vitesse.
« Peut-on prendre un café ? »
Silence. Je remets une pièce.
« Monsieur Mélenchon ? »
Il s'arrête.
« Non, je n'ai pas le temps. »
Il repart. Je persiste. Il stoppe.
« Je n'ai pas envie de vous parler à cause de toutes les méchancetés écrites sur moi dans votre journal.
– Je n'écris pourtant plus sur vous depuis des mois et ce n'est pas grand-chose un café… On pourrait parler du livre que je dois faire sur vous.
– Monsieur Laïreche, j'ai de l'estime pour vous, ça aurait été avec plaisir et vous le savez, mais il faut que quelqu'un paye les méchancetés que je lis dans votre quotidien. »
J'aurais pu lui courir plus après, je n'insiste pas. Plus question de jouer à cache-cache. Le loup sort de la bergerie.

Pion

Décembre 2022. J'échange avec une étudiante qui a passé un mois au service politique. Elle était en stage dans le secteur parce qu'elle n'en trouvait pas ailleurs.

« Tu es contente de ton mois à *Libé* ?

– Oui. J'ai vu comment fonctionnait un service politique et j'ai fait plusieurs interviews, ça m'a permis d'apprendre.

– Tu pourrais en intégrer un et y faire ta vie professionnelle ?

– Non. Je n'ai pas envie de ça. Je trouve la matière étrange, que ça soit dans la façon d'écrire ou de parler. Je ne suis pas à l'aise avec ce genre de journalisme, le rapport aux élus me semble bizarre. C'est la même chose pour tous les gens de ma promo. Peut-être que certains accepteront si c'est une porte d'entrée dans une rédaction. Franchement, ça ne fait pas rêver. »

Le service politique a toujours été un endroit à la mode, notamment pour les étudiants en école de journalisme. Le coin névralgique des rédactions supposées dignes de ce nom. Celui qui accueille les signatures et les pontes. Les temps changent, dirait-on. Les nouveaux journaleux préfèrent s'approprier des articles liés à l'écologie et au féminisme, voire investiguer sur des sujets au long cours. Élise Lucet a beaucoup plus la cote que Bruno Jeudy. Devenir scribouillard était au siècle dernier une manière d'accomplissement, un aboutissement. Il semblerait qu'il soit devenu un viatique pour de plus grands desseins. J'ai déjà croisé sur le terrain de jeunes loups assoiffés de politique qui s'embrasent à propos des « je-ne-sais-quoi » et des « presque-rien » de la Ve République à la vitesse de la lumière. Ils y feront toute leur carrière, sans doute. Même par temps de brouillard, on les repère de loin… mais ils se font rares.

Je me souviens de ma nomination au service politique, en janvier 2015. Le journal était encore installé au 11 de la rue Béranger, à Paris (IIIe), un de ses bastions historiques, comme la rue Christiani encore avant. Antoine Guiral, qui a longtemps suivi la droite et Nicolas Sarkozy, était sur le point de quitter *Libé*. J'ai toujours été proche de lui. Un ami. À mon arrivée dans le journal, en tant que standardiste, il m'en a raconté des anecdotes avec les politiques. Jamais, pas une seule fois, je ne me suis imaginé journaliste et encore moins en politique. Ça aurait été comme me voir monter dans une fusée. Ses histoires avec Nicolas Sarkozy me fascinaient. Les disputes, les

coups de pression, les palabres sans fin. Des années plus tard, après sa rupture avec la politique et la bulle qu'il a fréquentée près de deux décennies, il m'a harponné au pied de l'ascenseur pour m'exhorter à renoncer. À sa manière, douce, sans être explicite. Cette discussion ne m'a jamais quitté.
« Rachid, tu rejoins le service politique ? »
Je le connais le bougre. Il a l'air content pour moi mais je sens un truc qui le défrise.
« Tu vas faire quoi précisément ?
– Suivre les partis de gauche et surtout faire du reportage dans tout le pays sur les sections à la rencontre des militants, des petits élus, mais aussi des citoyens engagés ou non.
– C'est super mais j'y crois moyen, les chefs disent toujours ça mais la politique est un monde de fous, une machine qui te broie. C'est très dur d'innover et d'exister hors de l'actualité. J'espère que tu réussiras mais c'est dur. Les politiques t'appellent tous les jours et les chefs pensent que chaque petite phrase mérite de figurer dans le journal.
– Oui, je sais, mais je pense que je vais être libre de gérer mon temps et mes papiers.
– On a tous cru ça un jour… »
Il me refroidit un peu mais j'ai foncé en pensant être le plus malin. Tout au long de mes années dans la tambouille, j'ai tenté de conserver une forme de fraîcheur en jouant au plus fin, notamment en usant de

l'humour pour ne pas rentrer dans la matrice. Une manière de convoyer à l'écart des routes principales. Pas question de faire comme les autres, d'être un gars sérieux qui fait de grandes analyses en pensant ébranler le (petit) monde à chaque papier. Je voulais être un personnage de la bulle en gardant ma singularité, une sorte de détachement, voire de fausse naïveté qui m'en préserverait. C'est l'histoire frelatée que je me suis racontée durant des années. Le monde politico-médiatique constituait une grande pièce de théâtre et j'en étais devenu un pion comme un autre.

J'abandonne

Janvier 2023. Le téléphone sonne sans arrêt et je regarde ailleurs. Mon éditrice cherche à me joindre. Elle insiste, s'inquiète. Je ne donne plus de nouvelles. Elle attend le livre sur Jean-Luc Mélenchon. Je fais le mort. Comme tous les grands écrivains, je suis parti en exil pour écrire. Marseille, Le Havre, la Bretagne et la bibliothèque du coin. Les endroits ont changé mais la feuille est demeurée blanche. *Queud*, *nada*, *peanuts*. J'ai réécouté les entretiens, relu mes notes et mon plan d'attaque pour me rassurer.

Est-ce que j'ai envie de lire un livre sur Jean-Luc Mélenchon et sa journée magique ? Non, évidemment. Pourquoi s'y coller dans ce cas ? Je pourrais encore m'illusionner, me mentir, en me disant que je suis différent du scribouillard de base et que, forcément, mon bouquin ne sera pas un ouvrage politique comme les autres. Foutaises. J'abandonne. Je décroche le téléphone. Je lui annonce la vérité. La maison d'édition me rappelle que j'ai un contrat ; que je dois le respecter. Tant pis, je ne peux rien y faire.

Acte VII – La libération

Le livre ne s'écrira pas. La force est absente, l'envie inexistante. L'écrire, c'est comme rester dans la bulle que je m'efforce d'oublier.

Faux nez

Début 2023. Je tombe de nouveau sur Yannick Jadot. Tiens, ça faisait longtemps. Nous sommes dans la même pièce pour un forum sur l'écologie organisé par *Libé*. Le député européen participe à une table ronde sur l'énergie, que j'anime. À la fin, on cancane à la cantine. Il me parle de foot et de son équipe de cœur, l'AS Saint-Étienne.

C'est mieux comme ça. Les bisbilles entre écologistes qui animaient mon existence ne m'intéressent plus du tout. Un étudiant, la petite vingtaine, nous interrompt en s'excusant. Il a une question rapide pour Yannick Jadot.

« Un conseil pour se lancer en politique ? »

Le député européen se replonge dans son passé lorsqu'il a voyagé en Afrique et en Asie pour voir le monde. « Une chance et une force », lui dit-il. Une façon de l'inciter à en faire autant. Le jeune homme poursuit.

« Un homme politique pourri est-il forcément un homme pourri dans la vraie vie ? » Petit silence.

J'attends la réponse de Yannick Jadot le sourire aux lèvres. Il se lance en prenant son air le plus important. « Je me suis longtemps posé cette question, mais plus aujourd'hui. Je n'ai plus aucun doute, je ne sépare pas l'homme du politique. On ne peut pas être un pourri au bureau et un homme bien en rentrant chez soi. Croyez-moi, j'ai croisé pas mal de pourris en politique. » Son collaborateur, Alexis Braud, debout derrière, acquiesce en hochant la tête comme un coq. Yannick Jadot me regarde.

« Je crois que je suis gentil, un véritable gentil. Monsieur Laïreche, vous confirmez ?

– Oui…

– Non mais sérieusement, je suis un gentil, hein ?

– Mais oui, oui, monsieur Jadot, bien sûr que vous êtes un gentil. »

Je n'ai pas voulu lui rappeler devant le jeune homme son appel (derrière mon dos) à ma direction pour se plaindre de mon travail. Ni lui répondre que la politique est devenue un métier pour lui aussi, comme pour tous les autres. Il rêve de devenir sénateur après trois mandats au Parlement européen. C'est très moyen pour un édile qui vante la société civile et les vertus de la politique « autrement » à chaque fois qu'un micro s'allume. Bref. Je n'ai pas voulu casser son délire devant le jeune étudiant et, de toute manière, ça ne me regarde pas. Ce ne sont plus mes histoires. Donc, « oui, monsieur Jadot, bien sûr que vous êtes un gentil ».

Oxygène

Janvier 2023. Dans les nouveaux locaux de *Libé* dans le XIIIe arrondissement de la capitale, je coule des jours paisibles. Je suis devenu reporter, comme je le disais précédemment, mais je reste affilié au service politique. Mes oreilles traînent toujours. J'échange avec les rubricards. Les résultats du congrès du Parti socialiste font caqueter. Les deux candidats, Olivier Faure et Nicolas Mayer-Rossignol, revendiquent la victoire. Je n'ai rien lu sur la guerre des roses, je ne connais même pas Nicolas Mayer-Rossignol. Le maire de Rouen, paraît-il, peine à exister sur la carte. Ça se castagne gentiment entre mes chefs et la journaliste qui s'occupe des roses.

Au loin, les mots-clés paraissent éternels. « Congrès », « fraude », « Parti socialiste ». Tout ce qui me faisait monter en température, m'empêchait de dormir, me faisait rater mon arrêt de métro. Je m'imagine au téléphone avec les dirigeants, puis avec mes chefs en train de conjecturer sur les perspectives. Je laisse ça à d'autres. La rubricarde connaît par cœur le business.

Elle est arrivée en poste en 2020. On a formé un binôme pendant deux ans. C'était chouette. Je me souviens de l'une de nos premières discussions. Elle a lancé le plus sérieusement du monde, sans mépris : « Si tu es d'accord, on couvre toute la gauche ensemble, on ne prend pas chacun un parti. Au *Monde* par exemple, il y a quelqu'un qui fait le Parti socialiste et les écologistes et une autre qui fait La France insoumise et les communistes. »
Ça m'allait très bien.
« Tu feras tout ce qui concerne la bataille dans les partis et les portraits, comme tu le fais déjà, et moi je ferai les sujets de fond, les programmes et les idées. »
J'ai accepté le deal en rigolant. Au fond de moi, je connaissais déjà la suite de l'histoire. Je lui ai laissé la primeur de la découverte. Elle a été aspirée par la machine infernale comme moi avant elle, comme le sera sans doute son successeur après elle. Mon bureau est toujours en face du sien. Parfois, je lui rappelle le deal de départ. On se marre. D'autres fois, elle fait les gros yeux lorsque les chefs lui mettent la pression pour faire un papier sans intérêt.
Ce matin-là, je scrute les réseaux sociaux. Le perdant, Nicolas Mayer-Rossignol, demande à tous les socialistes d'être à la hauteur. « Les Français nous regardent », écrit-il. J'éclate de rire tout seul. Il est vraiment timbré. Dans la bulle, on a toujours le sentiment d'être au centre de tout. Qui s'intéresse

sérieusement au congrès du Parti socialiste ? Même pas moi, c'est dire. Ça ne me manque pas, même pas un chouïa.
Je suis enfin sorti de la bulle. Putain, huit ans. Presque deux lustres dans le brouillard. Je respire de nouveau à pleins poumons.

CONCLUSION

Les miens

Novembre 2020. Je déguste un casse-croûte dans le bureau de François Ruffin, à l'Assemblée nationale. Pour les besoins du portrait que je lui consacre, on remonte le fil du temps. Il raconte la fois où, diplôme en poche, en 2003, il a envoyé le manuscrit d'un livre à Laurent Beccaria, le directeur des Arènes. Il y raconte ses deux années dans une école de journalisme. Formatage, consensus et troupeaux de la *bien-pensance* au programme. *Les Petits Soldats du journalisme* sont un succès public et critique. Le fondateur du journal *Fakir* part illico en tournée pour promouvoir son bouquin à travers le pays. Il découvre le sud de la France et la Méditerranée. Le reste du monde n'est plus inaccessible. Il cause de ce moment avec fierté. Le livre ouvre un réel débat sur la profession mais le procédé me chiffonne, rapport à ses copains de classe.
« Comment tes camarades de promo l'ont pris ?
– Ils répondent par une tribune dans *Libé*. Je le vis plutôt bien, c'est le jeu, ma destinée.

– Je me mets à leur place. Ils te côtoient pendant deux ans et se retrouvent dans le bouquin. J'aurais pu te casser les genoux.
– Heureusement, tu n'y étais pas. »
Trois ans plus tard, me voilà à m'escrimer à mon tour sur un livre à propos des pathologies avérées des journalistes politiques. Pourquoi ?
Je suis entré dans la bulle comme le passager clandestin d'un cargo au long cours. Pour nombre de collègues, il s'agissait d'un rêve d'adolescent. Pas pour moi, frérot. Ce n'était pas ma destinée. Des rencontres opportunes, un clin d'œil du hasard, le *mektoub*, tout ça. Les portes se sont ouvertes les unes après les autres jusqu'à la politique. Je ne me suis jamais interrogé sur le sens de ce métier. Je voulais en être, *punto e basta.* J'ai foncé en m'éloignant petit à petit des miens ; ma famille, mon quartier, mes potes de toujours. Tête baissée pour être dans le moule ; être et faire comme les autres. On pourrait y adjoindre le manque de légitimité, en faire plus pour masquer le déficit de diplômes. On se rabaisse sans même s'en rendre compte. Il faut trouver des subterfuges pour se faire une place au soleil où la foire aux vanités constitue la règle. J'ai réussi à faire mon trou. Il m'a fallu un peu de temps pour ouvrir les yeux, m'apercevoir que je m'égarais. Je travaille à *Libé* depuis presque toujours. Un journal qui offre à ses rédacteurs une liberté incroyable, mais je suis resté sur les

rails. J'aurais pu transgresser les lois de la gravité de cet univers-là, bifurquer de la route principale et offrir autre chose. J'ai frôlé la ligne rouge en jouant l'impertinent mais je ne l'ai jamais franchie. Je pensais que le journalisme politique me donnait accès à un nouvel univers extraordinaire, un tour du monde en montgolfière, mais cet enfoiré m'a coupé du réel, me plongeant dans une vie souterraine avec l'illusion de vivre avec une couronne sur la tête.

Le système te happe, te broie, te noie. Comment se faire une place sans se soumettre aux règles du jeu imposées par la bulle ? Il faut déjeuner, respecter les *off*, entretenir des relations toxiques avec les élus. Je préfère descendre en marche. Je ne peux, ne veux plus continuer à tenir un rôle dans cette gigantesque farce. Ne comptez plus sur moi pour décrire un politique dans une ferme qui câline un agneau pour se la jouer proche des agriculteurs ; terminés les rendez-vous dans des salles brumeuses aux six coins du pays pour décrire les querelles de partis en déliquescence ; plus question de balancer des vannes pour rendre compte des escarmouches entre rouges et verts ; à la poubelle, la course aux micro-infos qui n'intéressent que les scribouillards de la bulle.

Du temps est nécessaire pour se désintoxiquer, redescendre sur terre. On se sent si puissant et si important. Bien plus que notre sujet. Il ne saurait être question de remettre en cause notre travail, surtout

pas. Est-il pertinent, éthique de voir un journaliste politique usiner pour un journal de gauche puis de droite sans ciller ?
Certains (rares) politiques demandent à être suivis par les journalistes en charge du dossier évoqué (le spécialiste éco pour parler du budget ou celui en charge de la santé pour parler des hôpitaux). Un scandale aux yeux des scribouillards. Ils veulent garder la main sur leur butin. On se balade de ville en ville sans discuter avec les habitants. On pose notre baluchon à l'hôtel avant de se rendre dans quelques palais des congrès pour retrouver le reste de la bulle. Nous vivons sur une autre planète, la nôtre.
Je croise des scribouillards qui suivent les mêmes figures depuis des décennies. Comment faire pour garder la bonne distance, rester curieux, objectif et ne pas être blasé ? Ils connaissent mieux les politiques que leurs propres darons. C'est chaud. Je ne regrette rien. Je ne fais pas le mec qui lâche des phrases pour se donner un genre. Je me suis fait des potes. On a des anecdotes en commun pour longtemps, on a bien rigolé. Je ne jette pas par la fenêtre tout ce que j'ai partagé avec mes confrères-rivaux-concurrents. J'ai vu des choses incroyables en approchant les vertiges du pouvoir, vécu deux élections présidentielles, fait des rencontres, découvert un monde supposément inaccessible, assisté de près à des moments forts et parfois tragiques, comme les attentats. Ce n'est pas

en contradiction avec mon récit. On assiste néanmoins à tout ça pour autoalimenter une bulle maléfique. Cet infra-monde n'obéit qu'à sa propre logique kafkaïenne. Une bombe pète ? On se demande dans la foulée quelle est la famille politique qui va en tirer les bénéfices. Pour nous autres, le monde politique se divise en un champ binaire, celui des perdants et des gagnants, avec en prime des analyses supposément puissantes qui se périment au lever du soleil.
Pourquoi nos confrères dans nos propres *open spaces* nous interpellent-ils d'un « Vous, les journalistes politiques », comme si nous étions une caste à part, monolithique, ou une maladie ? Tout ça se conjugue désormais au passé. La bulle peut-elle éclater ? Je n'en sais fichtre rien. Ce n'est pas un petit scribouillard, seul dans son coin, qui va mener la révolution. Cette bataille sera une baston collective ou ne sera pas. Directeurs de rédaction, chefs de service et gratte-papier doivent se remettre en question de concert. Faut-il traiter la politique comme un matériau journalistique comme les autres ? Comment en finir avec la chronique de la courtisanerie 2.0 ? Tous les symptômes sont là, sous nos yeux. On peut continuer à faire semblant en racontant que la chose publique se décrit ainsi depuis toujours. Peut-être que tout va bien, que ça ne choque que moi. Ce n'est plus mon affaire. Débrouillez-vous. J'écris noir sur blanc, je témoigne pour ma pomme. Une *nécro* pour

moi-même afin d'être certain de ne pas retomber dans le noir. Je ne suis pas un super-héros, pas un lanceur d'alerte. Non, non. Je me tire, égoïstement. J'en sors avec une conscience journalistique, politique, acquise en ouvrant les yeux. C'est déjà ça de raflé. Je sais désormais pourquoi je fais ce turbin. Se plonger dans la vie des invisibles, mettre en lumière les (vrais) héros, les malheureux, les démunis, les bousillés, mais aussi raconter les crises, les chutes et les luttes. Écrire des noms, décrire des visages, des silhouettes, des attitudes, des blessures. Tout ça est bien entendu politique. Beaucoup plus que les chamailleries de congrès du Parti socialiste ou communiste qui ne représente plus grand monde ; que dalle. Il faut tout de même narrer la tâche des élus et des crémeries. Déchiffrer et comparer les programmes, mettre en exergue les contradictions et les mensonges, souligner les réussites. Ne pas être des suiveurs mais un contre-pouvoir. La bulle ne peut pas se concentrer sur elle-même en racontant des histoires qui n'intéressent que le microcosme qui n'aime rien tant que se mater dans la glace. Je me souviens encore de la réaction d'un pote après un de mes articles sur La France insoumise.

« Frérot, c'est chaud ce que tu racontes. On ne comprend rien du tout du début à la fin. Je reconnais les noms mais je ne sais pas du tout de quoi tu parles… »

Entre le jargon et le *off*, il était perdu. Un article

illisible pour le commun des mortels. On se comprend entre nous, entre importants et populaires. D'où la fameuse question. Pour qui écris-tu ?
Une dernière histoire pour mettre en lumière les dégâts et les ego aiguisés. 16 mars 2023. Le « polémiste », comme on dit dans le milieu, publie un nouveau bouquin pour répandre son fiel, *Je n'ai pas dit mon dernier mot*. Éric Zemmour revient en longueur sur sa campagne présidentielle. Il a rendu la bulle chtarbée durant des mois. On ne parlait que de lui du matin à l'arrivée de la lune. Le monstre enfanté par la bulle évoque les scribouillards qui ont couvert sa campagne sur deux pages. La consécration. Il dépeint ceux qui ont suivi sa trace durant des mois, au physique comme dans leur tête. Il ne les cite pas, seulement le média de chacun. Quelques lignes par tête. Ils se reconnaissent tous, forcément. Le gratte-papier devenu haut-parleur de la rage distribue comme attendu les bons points aux plumitifs qui charbonnent sur la droite et à l'extrême droite du spectre ; il bâche les autres. La bulle se repaît de ces deux pages. Elle se partage des extraits sur WhatsApp. Les concernés singent l'indifférence mais ne peuvent s'empêcher d'en parler à tout le monde. Conjoints, parents, voisins, collègues, dentistes, nounous et profs de la marmaille, podologues, voire même épiciers du coin. Trop fiers de se retrouver dans la prose du condamné pour injures racistes. Tout le monde est content. Enfin, presque. Il y a aussi ceux

qui auraient aimé en être, les déçus ; ceux que le monstre a oubliés. Il faut toujours en être, coûte que coûte, même dans la plus dégueulasse des situations.

*

Au moment de boucler le livre, je suis tombé sur une interview de Ramzy Bedia. Il a grandi dans les Hauts-de-Seine, à Gennevilliers, dans un milieu populaire. Il ne rêvait ni de strass ni de paillettes et il est devenu acteur. Dans *Society*, Ramzy Bedia parle de lui, ses transformations, son parcours et son éloignement du monde réel.

« Un déclic fou. C'est la honte, mais ça me fait du bien de le dire. Un jour, je me retrouve dans les embouteillages à Boulogne. Je suis au volant de ma voiture et je me vois dans la vitrine de la boutique. Là, dans un reflet, je vois quoi ? Un mec avec une montre Audemars Piguet en or au poignet, au volant d'une Porsche cabriolet, et c'est moi. J'étais en route pour un resto dans le VIIIe, avec des Berluti aux pieds. Je me dis : “Non ! Mais non… Je suis devenu ce fils de p… ?” Je me souviens de cette image, ben (en montrant son casque de scooter et son poignet nu), je vais mieux ! J'avais honte de moi, j'étais allé trop loin dans ce personnage. Jamais de ma vie je n'y retournerai. »

Je ne suis pas devenu riche, loin s'en faut. Le scribouillard ne devient jamais millionnaire. Je ne roule pas en Porsche, non plus ; l'or ne brille pas sur ma peau, aucune « Audemars machin » n'orne mon poignet. Je me reconnais dans les mots de Ramzy Bedia. Je suis allé trop loin dans ce personnage. Au final, j'en dépose un – « politique » – et j'en retiens un autre – « journaliste ». Comme lui, jamais de ma vie je n'y repiquerai.

*

Comment ne pas fuir ? L'entre-soi peut s'avérer létal. Les bulles sont nombreuses. Les journalistes politiques, mais aussi ceux qui s'occupent de justice, de culture et même de sport, vivent dans un huis clos. On pourrait également parler des journalistes révolutionnaires qui critiquent tout et tout le monde en fumant des roulées dans leur coin, des radicaux en toc. Des bulles partout. On peut tout de même mettre celle de la politique au-dessus des autres. Elle concerne l'organisation de la société, les lois, le pouvoir, le quotidien et le futur des citoyens. C'est rien, tout ça ? La chose publique, ce n'est pas important ? Ceux qui savent que je marne là-dessus demandent parfois : « Ils vont en penser quoi, tes collègues, de ton livre ? » Je m'en tape royalement. Je ne me pose pas la question. Comme celle de la légitimité. Je suis là, à ma place. Tant pis si ça dérange quelqu'un. J'ai appris en faisant le tour du proprio. Plus question de me déguiser, d'imiter ou de jouer un rôle. Je n'ai pas à choisir entre mes deux mondes. Désormais, je sais pour qui et pourquoi j'écris. *Bye bye* la bulle. *Hasta luego.* Je marche avec les miens.

Postface

Je n'aime pas la politique

François Ruffin

Making of par Rachid Laïreche

Qu'est-ce qu'il fout là ? Un livre entier sur les journalistes qui s'égarent dans la bulle pour finir par donner le dernier mot à un député ? Lorsque j'y frayais, François Ruffin a toujours préféré les départementales de traverse aux autoroutes de juillet. Ni *off* ni déjeuners. Il imposait son rythme et ses lubies aux scribouillards. Avant son arrivée au Palais-Bourbon, en 2017, je ne le connaissais pas. Il m'a de suite intrigué. J'en ai fait un livre, *François Ruffin, la revanche des bouseux*. Depuis, silence entre nous ; contact rompu. Je le regarde naviguer au loin, changer de statut même. J'ai pensé à lui parce qu'il se tenait à l'écart de l'ébullition ambiante mais pas seulement. Le fondateur du journal *Fakir* a toujours été critique envers les journalistes politiques et se définit comme député-reporter. Dans une autre vie, en 2003, il a également publié *Les Petits Soldats du journalisme*.
Je l'ai appelé en mars pour lui demander de rédiger une postface. Il a accepté. J'étais fier de mon idée. Puis le doute. J'ai longuement hésité. La peur du mélange des

genres ; de brouiller les pistes. C'est lui qui a relancé le sujet en juin. Le livre était presque bouclé. Je lui ai envoyé le texte pour prendre la température. Réponse fraîche le soir même. « Plein de casseroles sur le gaz, je doute d'avoir du temps. » Le lendemain, au réveil, le texte qui suit attendait dans ma boîte mail.

Je n'aime pas la politique par François Ruffin

« Je voulais te dire un truc, François, je fais un livre sur le journalisme politique, sur mes années là-dedans...

– C'est une super idée, ça. C'est un meilleur sujet que le bouquin avant !

– Je voudrais que tu m'écrives une préface.

– Tu veux que je me fâche avec tous tes collègues, c'est ça ? » Rachid rigole, mon suicide public, ça le fait marrer. « Mais c'est d'accord. »

Oui, ça m'inspire, le journalisme politique. C'est vraiment le pire du pire, je trouve. C'est le ragot élevé au rang d'analyse. C'est *Voici*, *Oops !* dans les allées non plus des stars mais du pouvoir. C'est les Vamps, mais qui se donnent des airs, installées sur la place du Palais-Bourbon.

J'aime mon métier. Je l'ai exercé, je l'exercerai avec passion. Il a ses grands noms, ses titres de gloire, son utilité pour la société. Mais que justement, pour l'honneur de notre profession, on en finisse avec le journalisme politique ! Qu'on l'élimine ou qu'on le

bouleverse, qu'on crève la bulle, qu'on fasse éclater l'entre-soi, qu'on sorte tout ce beau monde de Paris, du VIIe arrondissement, qu'on s'interdise les cancans, les persiflages, les tactiques en toc. Qu'à la place, on relie la politique aux gens, à leur vie.
Bref, ça m'intéressait, je voulais lire une thèse dessus, interviewer deux, trois collègues de la corporation, parce que non, je ne les prends pas pour des cons, échanger avec eux sur leurs frustrations, sur comment transformer cette fonction, faire les choses sérieusement, quoi.
Avant l'été, j'ai relancé Rachid :
« Tu me veux toujours comme préfacier ?
– Ah oui. J'ai oublié de te prévenir : le BAT est prêt. Voilà la couv. Je t'envoie le texte. Il est secret. »
Quel branleur !
J'avais la semaine, quoi, en gros.
Mais dans mon cartable, j'ai une grosse pochette « Inaptitude ». C'est une épidémie, dans les boîtes, les salariés dégagés comme « inaptes ». J'organise une table ronde à ma permanence là-dessus, avec des Auchan, des Verescence, des Airbus, des Sanef. Mais avant ça, il faut que je me plonge dans l'état du droit, les statistiques, des témoignages de médecins, et que fait l'Inspection ? Le genre de boulot que jamais un journaliste politique ne racontera.
J'ai un dossier « Fiscalité », aussi, pour préparer un débat avec Gabriel Attal dans *Challenges*. Il est bon,

lui, il parvient à raconter n'importe quelle foutaise sans un mouvement de cil, sans une faiblesse dans la voix, et avec cette mine arrogante, dominante, qui peut me faire piquer une crise. Faut que je me maîtrise. Faut que je maîtrise le sujet, aussi, que je sois compétent, sur « la transparence des holdings » notamment.

Plus une rencontre « Travail et pauvreté » avec le Secours populaire. Plus le partage de la valeur ajoutée en séance. Plus les actes de notre colloque sur « l'économie de guerre climatique ». Et Rachid, donc.

On va faire sans la thèse et les interviews, du coup. Droit au but, comme l'OM.

*

« Je n'aime pas l'actualité politique. »

Je fais des « déjs », maintenant, parfois. Ça fait partie de mon « changement de division », il faut croire. Jouer le jeu, au moins un peu. J'ai peut-être dit, même : « Je n'aime pas la politique », tout court, mais autour de cette bonne table, les journalistes ont compris.

« Mais vous ne pouvez pas nous dire ça à nous ! On ne fait que ça…

– Mais justement ! Justement. Vous ne devriez pas ! »

Je vais passer deux heures à disserter sur l'état d'esprit du pays, sur le mal-être au travail, sur les normes qui parfois étouffent, je dresse une fresque depuis 1789, les alliances de classes, ma manie, 1983 et « l'ouverture

de la parenthèse libérale », que nous devons fermer. Je liste les échecs du marché, médicaments, logement, masque, les piliers de la République qui vacillent, l'école, l'hôpital… Je fais mon important, mon éloquent, je parade, je m'écoute, je m'élève, et le débat avec.
« Et Cazeneuve ? Vous en pensez quoi, du retour de Cazeneuve ? »
Ça me sidère.
J'offre une vision, pour ma patrie, pour mon pays, pour la planète, et boum, Cazeneuve !
« Mais qu'est-ce que j'en ai à faire de Cazeneuve ? Qu'est-ce que les gens en ont à faire de Cazeneuve ? »
Jamais ça ne m'a intéressé, même de l'extérieur, comme lecteur, les manœuvres, les croche-pattes, les coups de billard pour approcher du pouvoir. Vu où j'en suis de mon parcours, je me demande si c'est encore une force, ou si ça devient une faiblesse. S'il faut que je m'y mette, à ça également.
Ça stupéfie Jean-Luc. Lors de nos échanges, il a toujours un temps sur la popote de la popol, sur les tambouilles de la gauche, les courants du Parti socialiste. Je décroche. Ça me fait comme un trou noir, mes idées se perdent dedans.
« Tu en penses quoi ? il me sonde, des fois.
– Rien. »
Vraiment, je n'en pense rien. Ça me laisse froid, comme hors de moi.
« Mais tu ne peux pas, François ! Maintenant, tu ne peux plus jouer au plouc picard ! C'est fini Bourvil ! Tu

es dedans ! » Ces moments-là, il me regarde comme un extra-terrestre, comme un mec à qui il manquerait un bout de cerveau. Ou il croit que je fais semblant.
« Et Jean-Luc Mélenchon ? »
Au « déj », la journaliste revient à la charge, avec des noms, des prénoms.
« Et Sophia Chikirou ? »
J'évite, sans trop de souci : c'est trop bas pour moi, tout ça. La montgolfière de mon ego reprend de la hauteur, elle monte dans les nuages de l'Histoire, Lincoln, Jaurès, Roosevelt, voilà les noms que je veux bien citer, les destins que j'évoque volontiers. Puis je reviens à mon coin, à mes prénoms d'Amiens, Jacky, employé dans la logistique, levé à 3 heures du matin, et qui depuis cette année est passé dans le rouge, moins 50 euros, moins 100 euros, à cause de l'inflation, et d'une voiture qu'il a rachetée, pas chère pourtant, 1 500 euros d'occasion, du coup, cet été, comme l'an dernier, ce sera sans vacances avec le fiston, et sans doute pas d'extra, pas une sortie à la mer, juste un McDo et un cinéma…
Je m'efforce d'être ça.
Un pont, un point de passage, vers une France que le tout-Paris ne voit pas, où il ne va pas.
« Puisque vous parlez des vacances… » La journaliste revient à la charge : « La proposition d'Édouard Philippe, alors ? De raccourcir les congés de quinze jours, vous en pensez quoi ? »

Je ris : « En tout cas, chapeau ! Vous ne lâchez pas ! »
C'est indécent, parfois.
On vient de grimper trois étages, à Abbeville, dans un HLM. J'accompagne Martine, auxiliaire de vie, sous le SMIC, qui soigne une dame pas si vieille, mais qui souffre d'Alzheimer. Le mari, ancien imprimeur, m'explique ses soucis. Qu'ils avaient acheté un camping-car, pour la retraite, pour voir du pays, mais que la maladie est arrivée et a tout empêché. Que lui ne peut pas s'absenter, même pour un tour à vélo, même pour des courses au supermarché, c'est compliqué, parce que dans l'appartement ça peut mal tourner. Que d'un côté il voudrait bien la mettre en EHPAD, et que d'un autre côté c'est quand même sa femme, et que de toute façon dans les établissements où il a déposé le dossier, il n'y a pas de place avant des années. Il a besoin de répit, de repos. Ça se voit. Je lui dis. Il le sait. À bout. Sur la corde raide.
Mais voilà, je suis suivi par des journalistes politiques, télé.
Et ils osent la question : « Vous êtes plutôt Ruffin ou Mélenchon ? »
Le gars répond gentiment que c'est des dirigeants proches des gens qu'il faut, mais j'interviens plus méchamment : « Qu'est-ce qu'on en a à foutre, de Ruffin et de Mélenchon ? Qu'est-ce qu'on en a à foutre en général, mais qu'est-ce qu'on en a à foutre ici ? Un peu de décence ! »

*

Est-ce que, de pont, de passerelle, je suis devenu obstacle ?
Est-ce que je deviens une entrave à mon propre projet ?
J'ai fondé *Fakir*, il y a vingt-trois ans, pour donner à voir, à entendre les femmes et les hommes ordinaires.
À l'instar d'un Philippe Gavi qui, au lancement de *Libération*, voulait un « quotidien démocratique qui donnera la voix au peuple, aux ouvriers, aux grévistes, aux paysans », qui « ne parlera plus de "révolution" avec des stéréotypes, des idées toutes faites, des affirmations triomphalistes, mais avec toute la force explosive que la parole représente quand l'imaginaire et le réel se fondent avec les mots ».
Mais voilà : on parle de moi, maintenant, et plus des habitants.
J'occulte les vivants.
Dans ses *Mémoires*, Saint-Simon raconte tout sur Versailles et les courtisans, sur comment être dans la lumière du Roi-Soleil, comment on passe dans la nuit du mépris, mais pas une seule page sur les paysans, sur les millions de paysans, oubliés, eux, négligés.
Les journalistes politiques sont les nouveaux Saint-Simon, avec la salle des Quatre Colonnes comme galerie des Glaces, le Bourbon qui remplace le Trianon.
La vie des grands éclipse la vie des gens, relégués à

l'arrière-plan, avec sur le devant les Macron, Le Pen, Roussel, Rousseau, le nouveau « Bébête Show ». Et moi dans le tas, désormais. Tous les jours, je reçois des alertes Google, des dépêches avec un bon quota de médisances, de rumeurs, de complots, d'isolement, de n'importe quoi, des formules qu'on m'invente, des engueulades imaginaires, des *off* qui se veulent assassins. Des bouts de phrases, de moi, tirées dans un sens, reprises dans un autre sens, tordues par des petites mains du *desk* pour me faire dire que… C'est comme une vie parallèle, un personnage qui porterait mon identité, mais un peu étranger. Je me suis habitué, ou j'essaie de m'habituer.

Je ne m'habitue pas, en revanche, et je ne veux pas m'habituer, à une France niée, aux Français oubliés par cette « politique », par ce mélange de people et de tiercé.

Comment on ne dégoûterait pas de la chose publique ? Comment les citoyens ne s'éloigneraient pas de cette petite cour, de cette « bulle » ?

Comment ils ne diraient pas, à la fin : « Je n'aime pas la politique » ?

Parce que « la politique » apparaît comme une sphère à part, détachée du commun, une espèce d'Olympe mais qui pue, à bruits de casseroles et de bla-bla, qui ne les concerne pas. Et pourtant si, ça les concerne. Sur leur fiche de paie et leur feuille d'impôt. Sur les policiers et les hôpitaux. De la naissance de leurs

enfants, maternités, sages-femmes, à la vieillesse de leurs parents, à domicile ou en établissement, avec ou sans soignants. Et la fin de vie, politique elle aussi…
C'est de la faute, d'abord, d'accord, des politiciens, très largement : pouvoir qui s'exerce non plus par le peuple, pour le peuple, mais sans le peuple, voire contre le peuple.
Mais les journalistes politiques, ils ont leur part aussi, dans le désarroi. Dans cette démocratie qui ne tourne plus rond, ou en rond, dans le ronron.
Le pays va mal. Les âmes, les esprits vont mal. Les élections filent un sale coton.
Alors, je ne sais pas, je lance ça ici, comme une bouteille à l'amer, parce que je crois en l'humanité, en toute l'humanité, même des journalistes politiques, qui ne sont pas bêtes, loin de là, il leur faut de l'intelligence, du talent, pour monter en moutarde des brouilles et des embrouilles : est-ce que le livre de Rachid, c'est pas une occasion pour que se rachètent les larrons ? Est-ce qu'il n'y aurait pas un colloque à mener, une vraie réflexion, de toute la corporation, sur comment s'est formée cette bulle et comment on la crève ? Pour refonder un autre journalisme politique ? Pour donner un rôle au « peuple », là-dedans, qu'il ne soit pas tenu à l'écart ?

François Ruffin est député de la Somme et fondateur du journal Fakir.

Table

L'EXEMPLAIRE QUE VOUS TENEZ ENTRE LES MAINS A ÉTÉ RENDU POSSIBLE GRÂCE AU TRAVAIL DE TOUTE UNE ÉQUIPE.

COUVERTURE ET CONCEPTION GRAPHIQUE : Éric Pillault
ÉDITION : Charlotte Rotman
RÉVISION : Jean-Luc Demizieux, Fabrice Émont et Isabelle Paccalet
MISE EN PAGE : Cursives
PHOTOGRAVURE : Point 11
FABRICATION : Marie Baird-Smith
COMMERCIAL ET MARKETING : Pierre Bottura
COORDINATION : Jean-Baptiste Noailhat
MARKETING ET COMMUNICATION DIGITALE : Clémentine Malgras
RELATIONS LIBRAIRES : Salomé Bernard
PRESSE ET COMMUNICATION : Hind Boutaljante avec Axelle Vergeade
LES ARÈNES DU SAVOIR : Pierre Bottura avec Marc Blactot, Flore-Anne d'Arcimoles, Adèle Hybre, Guillaume Lollier et Clémentine Malgras
RUE JACOB DIFFUSION : Élise Lacaze (direction), Katia Berry (grand Sud-Est), François-Marie Bironneau (Nord et Est), Charlotte Jeunesse (Paris et région parisienne), Christelle Guilleminot (grand Sud-Ouest), Laure Sagot (grand Ouest), Diane Maretheu (coordination), Charlotte Knibiehly (ventes directes) et Camille Saunier (librairies spécialisées)

DISTRIBUTION : Interforum

DROITS FRANCE ET JURIDIQUE : Bertille Comar, Geoffroy Fauchier-Magnan
DROITS ÉTRANGERS : Ella Bartlett
DROITS AUDIOVISUEL, THÉÂTRE, PODCAST : Alba Beccaria et Geoffroy Fauchier-Magnan
ACCUEIL ET LIBRAIRIE : Laurence Zarra et Lucie Martino
ENVOIS AUX JOURNALISTES ET LIBRAIRES : Vidal Ruiz Martinez
COMPTABILITÉ ET DROITS D'AUTEUR : Christelle Lemonnier, Camille Breynaert et Christine Blaise
SERVICES GÉNÉRAUX : Isadora Monteiro Dos Reis

L'ensemble de cet ouvrage a été réalisé dans le respect des règles environnementales en vigueur. Il a été imprimé par un imprimeur certifié Imprim'vert, sur du Lac 2000 PEFC pour l'intérieur et une carte Crescendo PEFC pour la couverture.

Achevé d'imprimer sur Roto-Page
par l'Imprimerie Floch à Mayenne (Mayenne)
en août 2023.

ISBN : 979-10-375-1001-3
N° d'impression : 103051
Dépôt légal : septembre 2023

En France, un livre a le même prix partout. C'est le «prix unique du livre» instauré par la loi de 1981 pour protéger le livre et la lecture. L'éditeur fixe librement ce prix et l'imprime sur le livre. Tous les commerçants sont obligés de le respecter. Que vous achetiez votre livre en librairie, dans une grande surface ou en ligne, vous le payez donc au même prix. Avec une carte de fidélité, vous pouvez bénéficier d'une réduction allant jusqu'à 5 % applicable uniquement en magasin (les commandes en ligne expédiées à domicile en sont exclues). Si vous payez moins cher, c'est que le livre est d'occasion.